RESEARCH ON THE EDUCATIONAL
ASSIMILATION OUTCOMES OF
THE INTERNAL MIGRANT CHILDREN IN
MAINLAND CHINA

中国大陆流动人口子女的教育融入结果研究

武玮 著

北京理工大学出版社
BEIJING INSTITUTE OF TECHNOLOGY PRESS

版权专有　侵权必究

图书在版编目（CIP）数据

中国大陆流动人口子女的教育融入结果研究／武玮著. —北京：北京理工大学出版社，2020.12

ISBN 978－7－5682－9387－7

Ⅰ.①中… Ⅱ.①武… Ⅲ.①流动人口－教育研究－中国 Ⅳ.①G52

中国版本图书馆 CIP 数据核字（2020）第 261525 号

出版发行　／　北京理工大学出版社有限责任公司
社　　址　／　北京市海淀区中关村南大街 5 号
邮　　编　／　100081
电　　话　／　(010) 68914775（总编室）
　　　　　　　(010) 82562903（教材售后服务热线）
　　　　　　　(010) 68948351（其他图书服务热线）
网　　址　／　http：//www.bitpress.com.cn
经　　销　／　全国各地新华书店
印　　刷　／　三河市华骏印务包装有限公司
开　　本　／　710 毫米 × 1000 毫米　1/16
印　　张　／　15.75　　　　　　　　　　　　责任编辑／梁铜华
字　　数　／　204 千字　　　　　　　　　　　文案编辑／杜　枝
版　　次　／　2020 年 12 月第 1 版　2020 年 12 月第 1 次印刷　责任校对／刘亚男
定　　价　／　49.00 元　　　　　　　　　　　责任印制／李志强

图书出现印装质量问题，请拨打售后服务热线，本社负责调换

前　言

随着现代化和城镇化水平的不断提高，世界各国都经历了大量的人口内部迁移。作为人口数量最多的国家，中国同样经历了大规模的人口内部迁移。随着流动人口数量的不断增加，一部分流动人口选择将子女带入迁入地接受教育，而另一部分则选择让子女留守在家。由此，形成了流动人口子女的教育融入问题。流动人口子女的教育融入受到家庭、班级和学校的多重影响，因此，流动人口子女教育融入的结果也与家庭、班级和学校紧密相关。

使用中国教育追踪调查（China Education Panel Survey）的数据，本研究对流动人口子女教育融入结果的现状、影响因素和作用机制进行探究。首先，研究使用描述性统计分析中国大陆流动人口子女教育融入现状，发现流动人口子女整体教育融入水平不高，在认知和非认知能力上与本地子女具有较大差距。其次，从家庭视角出发，本研究使用倾向得分匹配方法对不同类型家庭迁移对流动人口子女认知和非认知能力的影响效应进行评估后发现，家庭迁移有助于促进流动人口子女的教育融入，而不同的迁移类型对流动人口子女认知和非认知能力的影响并不相同。再次，基于班级视角，本研究结合随机分班和固定效应模型分析了班级流动人口子女同伴对流动人口子女教育融入结果的影响。结果发现，流动人口子女同伴负面影响流动人口子女的部分认知能力和非认知能力。班级同伴的影响可能主要来自同伴互动、班级氛围和教师教学方法的改变。最后，回归学校视角，使用多层线性模型，本研究分析了学校社经地位和学校户口隔离对流动人口子女教育融入结果的影响。结果表明，学校平均SES正面预测流动人口子女的认知和非认知能力，城市流动儿童比例对流动人口子女的认知能力具有负面影响，而农村流动儿童比例则对流动人口子女的非认知能力具有正面影响。学校隔离的两种影响可能主要来自学校资源结构和同伴效应之间的差异。

本研究首次从家庭、班级和学校三个层面分析流动人口子女的教育融入结果，并试图对其中的作用机制进行探究。这有助于深化对流动人口子女教育融入结果影响因素及其作用机制的理解，因此，其具有一定的理论意义。本研究的结论同样具有一定的实践政策启示。根据研究结论，首先，本研究提出完善户籍制度，以促进流动人口的家庭迁移。其次，改革义务教育财政供给体制，为流动人口子女在流入地就读提供财政保障。最后，促进学校整合降低学校隔离，加快流动人口子女的教育融入进程。

由于编者水平有限，书中难免存在不妥之处，恳请广大读者批评指正。

编　者

专有名词

流动人口（Internal Migrants）：是指居住地与户口登记地所在的乡镇街道不一致且离开户口登记地半年以上的人口中，扣除市辖区内人户分离的人口。

流动人口子女（Internal Migrants' Children）：是指父母在市辖区间流动改变常住地且无户口登记变更人口未满18岁的子女。

流动儿童（Migrant Children or Brought-along Children）：是指跟随父母进入流动地，居住地与户口登记地不符的儿童，又被形象地称之为随迁子女或打工子弟。根据来源地是在农村或城市，又可分为农村流动儿童和城市流动儿童。

留守儿童（Left-behind Children）：是指父母一方或双方迁移，居住地与户口登记地相符的儿童，包括农村留守儿童和城市留守儿童，前者在农村地区，后者在城市地区。

本地儿童（Local Children）：是指出生于本地，父母没有在市辖区间流动，不改变常住地且无户口登记变更记录的人口未满18岁的子女。根据现居地类型，又可分为农村本地儿童和城市本地儿童。前者居住在农村，后者居住在城市。

城市流动儿童（Urban-urban Migrant Children or Urban-to-urban Brought-along Children）：是指来自城市，跟随父母进入流动地，居住地与户口登记地不符的儿童。

农村流动儿童（Rural-to-urban Migrant Children or Rural-to-urban Brought-along Children）：是指来自农村，跟随父母进入流动地，居住地与户口登记地不符的儿童。

省内流动儿童（Provincial Migrant Children）：是指在相同省份内迁

移，跟随父母进入流动地，居住地与户籍地不符的儿童。

省际流动儿童（Interprovincial Migrant Children）：在不同省份之间迁移，跟随父母进入流动地，居住地与户籍地不符的儿童。

1.25 代流动儿童（1.25 Generation Migrant Children）：是指 12~15 岁（初中期间）迁入流入地且居住地与户籍地不符的儿童。

1.5 代流动儿童（1.5 Generation Migrant Children）：是指 6~11 岁（小学期间）迁入流入地且居住地与户籍地不符的儿童。

1.75 代流动儿童（1.75 Generation Migrant Children）：是指 0~5 岁（小学前）迁入流入地且居住地与户籍地不符的儿童。

2 代流动儿童（2 Generation Migrant Children）：是指出生于流入地，但尚未取得流入地户口的儿童。

教育融入结果（Educational Assimilation Outcomes）：是指流动人口子女取得与本地子女均等的教育结果，即获得均等的认知和非认知能力。

认知能力（Cognitive Ability）：主要包括语言、阅读、写作和计算及逻辑能力。本研究使用的认知能力指标主要衡量学生的语言（词组类比、语言文字推理）、图形（图形规律分析、折纸和几何图形引用）及计算与逻辑（数学引用、自定义运算规则、数列应用、抽象规律分析、概率、数值大小逆向思维）能力。

非认知能力（Non-cognitive Ability）：也称非认知技能或软技能，是指不属于认知能力范畴的那部分能力（Levin, 2012; 2013）。目前，学界对非认知能力的定义和测量尚未得出一致意见。借鉴已有文献的方法，本研究的非认知能力指标包括心理健康、集体融入、人际关系和社交活动。

家庭迁移（Family Migration）：是指流动人口家庭成员向流入地迁移，包括父母迁移、子女迁移和祖父母迁移。

父母迁移（Parental Migration）：是指流动人口家庭中的父母一方或双方迁入流入地。

子女迁移（Children Migration）：是指流动人口家庭中的子女迁入

父母所在的流入地。

祖父母迁移（Grandparental Migration）：是指流动人口家庭中祖父母一方或双方迁入流入地。

家庭整体迁移（Whole Family Migration）：是指流动人口家庭中父母一方或双方，子女和祖父母一方或双方共同迁入流入地。

班级同伴（Class Migrant Peers）：是指班级中除流动儿童个人外其他的流动儿童。

学校社会经济隔离（School Socioeconomic Segregation）：学校按照SES进行分隔，家庭SES高的学生就读于高平均SES学校，家庭SES低的学生就读于低平均SES的学校。

学校户口隔离（School Hukou Segregation or Hukou Based Segregation）：是指学校按照户口进行分隔，拥有本地户口的本地人口子女就读于本地公办学校，而没有本地户口的流动人口子女难以进入本地公立学校。

目 录

第1章 引言 1
- 1.1 概念阐述 2
  - 1.1.1 流动人口子女 2
  - 1.1.2 教育融入结果 3
- 1.2 研究背景 6
  - 1.2.1 现实背景 6
  - 1.2.2 政策背景 13
- 1.3 研究问题 16
- 1.4 研究意义 17
  - 1.4.1 实践意义 17
  - 1.4.2 理论意义 18

第2章 政策与实践 20
- 2.1 中央政策演变 20
  - 2.1.1 户籍制度与财政分权 20
  - 2.1.2 "两为主"政策的形成 21
  - 2.1.3 强化地方政府责任 22
  - 2.1.4 中央政府承担部分责任 23
  - 2.1.5 小结 24
- 2.2 地方政策实践 24
  - 2.2.1 城市公办学校 25
  - 2.2.2 流动儿童学校 26
  - 2.2.3 小结 27
- 2.3 本章总结 28

第3章 文献综述 30
- 3.1 理论基础 30

  　　3.1.1 影响移民决策的相关理论 ·········· 30
  　　3.1.2 影响移民融入的相关理论 ·········· 35
  　　3.1.3 理论部分总结 ·········· 44
  　3.2 实证研究综述 ·········· 45
  　　3.2.1 家庭迁移对流动人口子女教育融入结果的影响 ·········· 45
  　　3.2.2 流动人口子女教育融入结果的影响因素 ·········· 51
  　　3.2.3 实证研究部分的总结 ·········· 61
  　3.3 本章总结 ·········· 62

第4章　研究设计 ·········· 65
  　4.1 研究框架 ·········· 65
  　4.2 研究数据 ·········· 71
  　　4.2.1 数据来源 ·········· 71
  　　4.2.2 变量选择 ·········· 73
  　4.3 具体设计 ·········· 80
  　　4.3.1 家庭迁移对流动人口子女教育融入结果的影响 ·········· 80
  　　4.3.2 班级同伴对流动人口子女教育融入结果的影响 ·········· 83
  　　4.3.3 学校隔离对流动人口子女教育融入结果的影响 ·········· 85
  　4.4 本章总结 ·········· 87

第5章　流动人口子女教育融入结果现状 ·········· 89
  　5.1 流动人口子女教育融入结果的现状 ·········· 89
  　　5.1.1 不同来源流动人口子女的认知和非认知能力 ·········· 91
  　　5.1.2 不同区域流动人口子女的认知和非认知能力 ·········· 92
  　　5.1.3 不同代际流动人口子女的认知和非认知能力 ·········· 94
  　5.2 本章总结 ·········· 96

第6章　家庭迁移与流动人口子女的教育融入结果 ·········· 98
  　6.1 描述性统计（1） ·········· 98
  　6.2 估计结果 ·········· 101
  　　6.2.1 研究方法假设检验 ·········· 101
  　　6.2.2 基准模型匹配结果 ·········· 111

  6.2.3 异质性模型匹配结果 ……………………………… 118
 6.3 本章总结 …………………………………………………… 124

第7章 班级同伴与流动人口子女的教育融入结果 ……… 126
 7.1 描述性统计（2）…………………………………………… 126
 7.2 估计结果 …………………………………………………… 131
  7.2.1 研究方法假设检验 ……………………………… 131
  7.2.2 基准模型回归结果 ……………………………… 133
  7.2.3 异质性模型回归结果 …………………………… 136
  7.2.4 班级同伴的中介分析 …………………………… 143
 7.3 本章总结 …………………………………………………… 146

第8章 学校隔离与流动人口子女的教育融入结果 ……… 147
 8.1 描述性统计（3）…………………………………………… 147
 8.2 估计结果 …………………………………………………… 153
  8.2.1 基准模型回归结果 ……………………………… 153
  8.2.2 异质性模型回归结果 …………………………… 160
  8.2.3 学校隔离的中介分析 …………………………… 166
 8.3 本章总结 …………………………………………………… 173

第9章 总结 …………………………………………………………… 174
 9.1 研究结果 …………………………………………………… 175
 9.2 理论回应 …………………………………………………… 182
  9.2.1 对家庭迁移相关理论的回应 …………………… 182
  9.2.2 对班级同伴相关理论的回应 …………………… 185
  9.2.3 对学校隔离相关理论的回应 …………………… 186
 9.3 政策建议 …………………………………………………… 188
 9.4 研究不足与未来方向 ……………………………………… 194

附录 ……………………………………………………………………… 197

参考文献 ………………………………………………………………… 207

后记 ……………………………………………………………………… 237

第1章 引言

由于与父母分离、缺乏监管和教育缺失,许多留守儿童在学业发展和身心健康上都出现了明显的问题。与此同时,与留守在家的留守儿童相比,流动儿童虽然跟随父母进入城市一起生活,能够享受城市地区较为优质的教育服务,但需要承担教育成本。此外,流动儿童也很难享有与本地儿童相同的教育服务,甚至有一小部分流动儿童被迫进入办学条件不足、师资力量较差的民办打工子弟学校就读,严重影响了流动儿童在城市地区的教育融入进程。

在流动人口子女面临的现实背景下,现有的制度背景则从根源上影响着他们的受教育权益。长久以来,流动人口子女的受教育权益与户籍制度和教育财政制度息息相关。由于儿童的受教育机会与户籍制度相挂钩,因此,就读于本地公办学校的前提条件便是拥有本地户口,然而,流动人口家庭通常难以获得流入地的本地户口,这也导致流动儿童在城市地区公办学校,尤其是质量较高的公办学校就读比例偏低。此外,流动儿童的受教育权益还受到现有的教育财政体制限制。中央政府制定了一系列涉及流动儿童义务教育供给的政策,逐渐形成了以流入地区县政府负担为主的"两为主"状况,然而,由于不同区县的财政收入差异巨大,因此,流动儿童集中的区县政府难以承担流动儿童教育的财政责任。另外,一些区县开始提高流动儿童的就读门槛,这同样影响到了流动儿童在流入地的受教育权益。

由此，流动人口子女的教育问题成为人口迁移和城乡教育资源差异的一个缩影。由于政府在农村地区及中小城镇提供的教育服务质量可能难以满足流动人口家庭的需要，因此，他们可能通过"用脚投票"的方式携带流动儿童到流入地接受质量更高的教育服务。那么，从家庭视角分析家庭迁移对流动人口子女教育融入的影响，在现有的户籍制度和教育财政制度下分析流动儿童在流入地的教育融入状况及其影响因素，成为本研究重点探讨的问题。

首先，引言部分对本研究使用的核心概念进行界定。其次，分别从现实背景和政策背景两个层面对流动儿童迁移和教育融入的背景进行阐述。

1.1 概念阐述

1.1.1 流动人口子女

在厘清流动人口子女的概念前，需要首先对流动人口进行界定。在中国的国境线内迁移的内部移民又被形象地称为流动人口。与国际移民不同，中国流动人口的界定与户籍制度有着密切的关系。20世纪80年代，流动人口通常泛指常住户口人口之外的所有人口，包括在非户籍地居住的人口、短期逗留人口（罗茂初，张坚，高庆旭等，1986；张庆五，1986；郑桂珍，郭申阳，张运藩等，1985）。随后，流动人口逐渐被界定为户口登记地与现居地分离，但长期居住的人口。此后，流动人口便成为一种中国特色的迁移人口，即变更了居住地，但没有改变户口登记地的国内流动人口（张展新，杨思思，2013）。本文使用的流动人口概念与国家统计局历年人口普查和抽样调查中的界定保持一致，是指居住地与户口登记地所在的乡镇街道不一致且离开户口登记地半年以上的人口中，扣除市辖区内人户分离后的人口。

流动人口子女是指流动人口家庭中的子女，即父母在市辖区间流动，改变常住地且无户口登记变更记录的人口未满18岁的子女。流动人口子女主要包括两类：一类，是父母一方或双方迁移，居住地与户口登记地相符的儿童，也称留守儿童（Left Behind Children）[①]；另一类，是跟随父母进入流动地，居住地与户口登记地不符的儿童，也称流动儿童[②]（Xu，Dronkers and Wu，2016）。

其中，按不同的划分标准，流动儿童又可根据流出地的城乡性质和儿童的户籍信息分为农村流动儿童和城市流动儿童（Zhao，1999）。前者指户籍性质为农业，居住地与户口登记地不符的儿童。后者指户籍性质为非农业，居住地与户籍地不符的儿童。根据流动人口子女的迁移范围是否省际，流动儿童可被分为省内流动儿童和省际流动儿童。前者指在省内迁移，居住地与户籍地不符的儿童，后者指在不同的省间迁移，居住地与户籍地不符的儿童。

根据流动人口子女的迁入年龄，流动儿童可被分为1.25代、1.5代、1.75代和2代流动儿童。

1.1.2 教育融入结果

教育融入是一个多维度的概念，目前业内尚未达成一致意见。对教育融入的理解可以从融入的概念入手。目前，学术界使用设计融入的主要概念与理论均源自西方的移民研究。在外文文献中，还有多个词汇被用于描述融入或与之类似的意思，如 Integration、Inclusion、Adaptation 等。从字面上看，这些概念的内涵极为相似，却又存在明显差异。

融入是指移民或少数群体逐渐适应当前文化、习俗和态度等的过程，强调少数群体逐步与当地居民的一致性（Boyer，2001）。Integration 常译为"融合"，指移民或少数群体逐步融合当地的过程，但更加强调在融合的过程中仍然保留原有的身份和文化等（Glazer and Moynihan，1970）。Inclusion（包容）则对应 Exclusion（排斥或排除），更多用来指将有特殊需求的孩子，如有身体或心理健康问题的孩子纳

---

① 留守儿童包括农村留守儿童和城市留守儿童，前者是指父母一方或双方迁移，居住地与户口登记地相符且居住在农村地区的儿童；后者是指父母一方或双方迁移，居住地与户口登记地相符且居住在城市地区的儿童。本研究样本中的留守儿童同时包括农村留守儿童及城市留守儿童。

② 在一些中文文献中，流动儿童也被形象地称为随迁子女或打工子弟。

入正常孩子就读的学校共同教育（Nilholm，2006）。

本研究使用融入而非融合或包容的原因在于，首先，从流动的对象上看，大多流动人口子女与本地人口子女一样，在身体和心理上没有特殊问题，因此，可以将包容排除在外。其次，从流动目的上看，大多数流动人口及其子女选择离开家乡，来到流入地是希望获得更高的收入，享受与本地人同样的社会福利，从而融入主流社会中（张文宏，雷开春，2008）。再次，从流动过程来看，大部分流动人口及其子女均属于弱势群体，导致流动人口及其子女无心也无力传播家乡文化。此外，结构和制度及其行为的约束也使得这个弱势群体难以对流入地的主流社会产生影响（杨菊华，2009）。最后，从流动结果来看，流动人口及其子女在流入地的经济、文化和行为结果等都是以目的地为参照标准。综上，本研究发现，使用融入的概念更能体现出流动人口子女在流入地的教育适应过程。

社会科学中，对融入的探讨最早可追溯至20世纪初美国的芝加哥大学社会学派。Park 和 Burgess（1921）最早将移民的社会融入定义为移民和当地居民间相互渗透，共享彼此的历史和经验，相互分享他们的文化记忆，并最终整合于一个共同的文化生活中。他们将融入系统地分为四个阶段：经济冲突、政治冲突、社会调节和文化融合。Park 和 Burgess（1924）还指出，社会融入的变化通常是微妙的，其过程通常也是无意识的，因此，即使个体被纳入群体的共同生活中，也很难意识到它是如何发生的。

随后，Gordan 对移民的融入问题进行了深入探讨。在 *Assimilation in American Life：The Role of Race，Religion，and National Origins* 一书中，Gordan（1964）将融入视为现代社会中不同群体中个体相遇的过程与结果，而不同个体可以来自不同种族、宗教和民族（Gordon，1964）。在社会学中，融入被定义为不同群体边界减少的多为过程，这种边界的减少模糊或消除了种族间身份，或由身份的不同导致社会和文化差异。在群体层面，融入可能涉及吸收一个或多个少数群体进入主流，或少数群体间的融入。例如，第二代非裔移民"成为黑人美国人",而在个人层面,融入表示一个群组个体与另一个族群个体的适应,融入与认同的累积变化(Alba and Nee,2009)。

经济学研究中,"融入"则通常被更加机械地定义为:移民或少数群体的收入在目的地赶上本地居民收入的过程(Bodvarsson and Van den Berg,2013)。例如,Chiswick(1978)指出,移民在进入迁入地时收入会低于本地居民。随着移民获得与地区相关的人力资本,移民收入的增长率会高于本地居民,从而超过本地居民的收入水平。另外,Chiswick(1978)和 DeFreitas(1980)还指出,移民的收入最终会赶上并超过本地居民,导致这一现象的原因在于移民的选择性问题,即移民本身可能具有更强的天生能力或对劳动力市场的成功更有动力,从而进行更多的毕业后培训投资。

在教育学研究中,随着研究的深入,国外学者开始关注移民子女在教育方面的融入问题。大量研究将移民子女与本地子女的教育结果进行对比,并试图探究影响移民子女教育融入的因素。来自美国、加拿大等国的证据表明,在家庭社会经济背景一致的情况下1.5代和2代移民在教育结果上与本地孩子表现相同,但还是有一些研究发现了相似情况下移民子女的教育劣势。虽然这种教育劣势被视为来自移民家庭有限的教育水平及对教育系统的陌生,但还有研究发现移民子女面临的学校隔离同样会导致的其教育结果的劣势。不管家庭背景如何,就读于隔离学校和质量较差学校的移民儿童通常表现出的是更低的学业成就。

随着中国大陆地区人口流动和城镇化进程的深入,与之对应,国内学者开始关注流动人口子女在教育方面的融入问题。随着研究的深入,教育融入作为流动人口子女社会融入的重要组成部分被单独提出。庄西真和李政(2015)将流动人口子女在城市地区的教育融入定义为:流动人口子女与城市学生同等条件进入城市公立学校后,能适应学校的教学方式,被学校教师和城市学生所接纳,最终对城市公立学校有较强的归属感和城市学生的身份认同。于忠海和张雨清(2015)则将流动人口子女的教育融入定义为流动人口子女能享受到教育行政部门赋予的公正待遇、流入地学校在教育质量上的优质保障及流入地城市社区的公民关怀。在目前仅有的一篇研究流动人口子女教育融入的博士论文中,尚伟伟(2018)将教育融入定义为:能够获得平等的教育机会,能适应学校的教育教学,获得教师和同伴的接纳,对学校有较强的归属感,在受教育的过程中逐步融入整个教育系统的社会中特定的个体与群体。

与已有研究关注教育机会或教育过程的融合不同,本研究关注教育结果的融合。本研究将流动人口子女的教育融入结果定义为,流动人口子女取得与本地人口子女均等的教育结果,即获得均等的认知和非认知能力。

1.2 研究背景

1.2.1 现实背景

在欧洲、非洲和亚洲等许多地区都可以发现大规模的人口内部迁移。目前,世界范围内大多数人口内部迁移主要发生在亚洲和非洲。实际上,如图1-1所示,联合国预测亚洲的人口内部迁移规模将从2012年的19亿增长至2050年的33亿,非洲人口迁移的规模也将由4.14亿增长到12亿(Todaro and Smith, 2012)。作为世界最大发展中国家的中国,也同样在经历一场史无前例的人口内部迁移(Sun, Chen and Chan, 2016)。

随着经济体制改革的不断推进及户籍制度的逐渐放松,现代中国的人口内部迁移最早始于20世纪80年代(Wang and Mesman, 2015)。在中国,内部迁移人口也被称为"流动人口"或"内部移民"。图1-2给出了国家统计局对流动人口的规模的统计。由图1-2可见,中国流动人口的规模已经由2000年的1.44亿人上升到2015年的2.74亿人;流动人口占总人口的比例也由不到10%上升至近18%,15年间增长了近1倍。

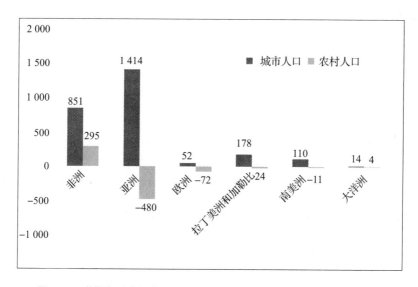

图1-1 世界主要地区城市和农村地区人口数量变化情况（2010—2050）

数据来源：联合国"非洲和亚洲将在未来40年内引领城市人口增长"。具体参见：http://esa.un.org/unup/pde/WUP2010_Press-Release.pdf.

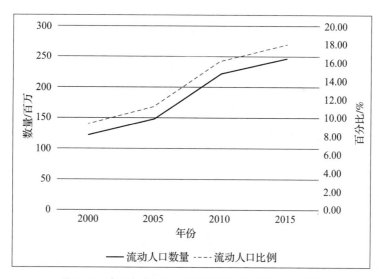

图1-2 中国大陆流动人口数量与比例（2000—2015）

数据来源：2005年和2015年数据来自1%全国人口抽样调查，2000年和2010年数据来自第五次和第六次全国人口普查。

注：流动人口比例来自作者基于2005年和2015年1%的全国人口抽样调查及2000年和2010年的全国人口普查数据的估算。

如此大规模的人口内部迁移不仅为城市地区提供了充足的劳动力，而且也推动了中国经济的持续发展。虽然大部分流动人口的职业主要集中在本地居民特意回避的工作，如建筑工人、服务员和清洁工等，但流动人口仍然为中国的经济发展做出了重要贡献。据估计，过去30年中国GDP的增长中，近20%是由以上行业的流动人口贡献（Brown and Krasteva，2013）。此外，虽然地理迁移与工作转换变得相对容易，但大量的流动人口在流入地仍然受到户籍制度的限制。由于没有本地户口，因此，流动人口经常被视为只能享受少数公共服务的"二等公民"。有研究指出，在诸如医疗保险、养老金及子女教育机会等方面，大量流动人口仍然难以享受与本地居民相同的公共服务（Zhang and Wu，2012）。

流动人口的子女则主要可分为两类，一类是跟随父母迁入到流入地的流动儿童；另一类是留守在家的留守儿童。随着流动人口规模的上升，流动人口子女的数量也随之上升。图1-3给出了2010—2015年间国家统计局公布的流动儿童和留守儿童规模。由图1-3可知，2010—2015年间，全国流动儿童和留守儿童的数量仍总体处于上升趋势。其中，流动儿童的数量由2010年的1 982万上升至2015年的3 426万。留守儿童的数量也由2010年的1 981万上升至2015年的6 877万。截至2015年，中国大陆流动人口子女总量已超过1亿人。

流动儿童和留守儿童在不同的年龄段同样呈现出差异性的特征。图1-4给出了中国大陆流动儿童和留守儿童的年龄分布。如图1-4所示，流动儿童的年龄分布呈现出两端高中间低的特点，其中0~5岁和15~17岁的流动儿童在流动儿童总体中占比最多，分别为30.70%和30.00%；6~11岁和12~14岁的流动儿童占比则相对较少，分别为27.30%和12.00%。与之对应，留守儿童则呈现出低龄化的特征。0~5岁的流动儿童最多，占总体的40.34%；6~11岁的留守儿童其次，占总体的33.47%；12~14岁和15~17岁留守儿童则相对较少，分别为13.75%和12.44%。

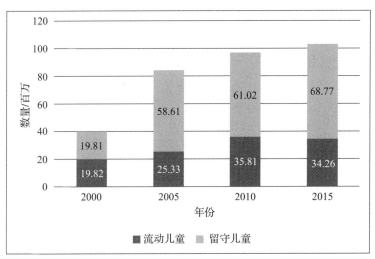

图1-3 中国大陆留守儿童和流动儿童（0~17岁）数量（2000—2015）

数据来源：2005年和2015年数据来自1%的全国人口抽样调查；2000年和2010年数据分别来自第五次和第六次全国人口普查。

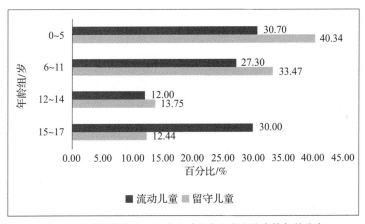

图1-4 中国大陆0~17岁流动儿童和留守儿童的年龄分布

数据来源：数据来自作者对2015年1%人口抽样调查数据的计算。

流动儿童和留守儿童的地区分布也存在差异。表1-1是中国大陆各省（市）流动儿童（0~17岁）分布情况。如表1-1所示，流动儿童数量最多的7个省份分别为广东（434万）、浙江（274万）、江苏（238万）、山东（182万）、四川（186万）、河南（171万）和福建（152万），上述七省份流动儿童数量占全国流动儿童数量的45.71%。此外，流动儿童占当地城镇儿童的比例也相对较高。总体来看，全国流动儿童占城镇儿童比例为26.16%,平均每4个城镇儿童中就有1个流动儿童。在上海和浙江等城镇地区,流动儿童的比例则高达46.24%和47.68%。这意味着,上述地区有近一半儿童为流动儿童。此外,北京、福建和广东的流动儿童比例也很高,分别占36.28%、38.17%和31.19%。

表1-1 中国大陆各省(市)流动儿童(0~17岁)分布情况

省(市)	数量/百万	占当地城镇儿童比例/%	省(市)	数量/百万	占当地城镇儿童比例/%
北京	1.06	36.28	湖北	1.13	19.67
天津	0.31	20.49	湖南	1.18	21.37
河北	1.32	19.34	广东	4.34	31.19
陕西	1.17	22.86	广西	0.92	21.12
内蒙古	1.07	39.49	海南	0.33	26.76
辽宁	1.15	22.45	重庆	0.57	19.17
吉林	0.58	22.44	四川	1.86	25.48
黑龙江	0.74	18.53	贵州	0.92	34.43
上海	1.32	46.24	云南	0.95	25.87
江苏	2.38	24.66	西藏	0.04	23.73
浙江	2.74	47.68	山西	0.88	29.54
安徽	1.08	20.04	甘肃	0.45	21.67
福建	1.52	38.17	青海	0.20	35.79
江西	0.96	18.32	宁夏	0.28	41.76
山东	1.82	17.04	新疆	0.83	41.50
河南	1.71	20.41	全国	35.81	26.16

数据来源:2010年全国第六次人口普查。

留守儿童在各省市的分布也并不平均。表1-2为中国大陆各省(市)留守儿童(0~17岁)分布情况。由表1-2可知,留守儿童主要分布在四川、河南和安徽等劳务输出大省。其中,四川(692万)与河南(644万)的留守儿童规模最大,安徽、广东和湖南的平均留守儿童规模也超过400万人，上述五省流动儿童总量占全国留守儿童的43.64%[①]。此外，江西、广西和贵州等地的留守儿童数量也相对较多，均超过300万人。另外，各省（市）留守儿童占当地农村儿童的比例也相对较高。从全国范围看，留守儿童占当地农村儿童的37.73%。这意味着每3个农村儿童中便有1个留守儿童。留守儿童占当地儿童比例的分布并不平均。其中，江苏（51.56%）、安徽（53.49%）、江西（51.47%）、湖南（51.14%）、重庆（66.52%）和四川（54.25%），留守儿童占当地儿童的比例均已超过50%。

表1-2 中国大陆各省（市）留守儿童（0~17岁）分布情况

省（市）	数量/百万	占该当地农村儿童比例/%	省（市）	数量/百万	占当地农村儿童比例/%
北京	0.06	19.47	湖北	2.70	48.61
天津	0.07	12.41	湖南	4.35	51.14
河北	1.99	21.39	广东	4.38	42.56
陕西	0.84	33.09	广西	4.05	48.59
内蒙古	0.33	16.58	海南	0.24	19.84
辽宁	0.56	18.67	重庆	2.17	66.52
吉林	0.37	17.14	四川	6.92	54.25
黑龙江	0.51	17.95	贵州	3.14	40.26
上海	0.08	29.92	云南	2.10	24.53
江苏	2.97	51.56	西藏	0.19	26.11
浙江	1.17	30.35	山西	1.47	18.66
安徽	4.43	53.49	甘肃	1.40	28.42
福建	1.26	38.07	青海	0.23	26.17
江西	3.72	51.47	宁夏	0.13	13.49
山东	2.16	22.21	新疆	0.49	12.73
河南	6.55	39.46	全国	61.03	37.73

数据来源：2010年全国第六次人口普查。

---

① 2010年人口普查的数据显示，全国留守儿童总量为6 103万人。其中，四川、河南、安徽、广东和湖南的留守儿童数量分别为692万、655万、443万、438万和435万。上述五省留守儿童总量为2 663万，占全国留守儿童总量的43.63%（2663/6103×100% = 43.63%）。

流动人口的子女教育问题已引起社会和学界的高度关注。户籍制度中，社会和教育的限制阻碍了流动人口携带其子女迁入城市地区成为城市居民，导致大量儿童被迫留守在家。虽然大部分父母会将收入汇回家庭，但大多数留守儿童大约每年只能见到父母一次。超过50%的留守儿童仅由父母一方照顾，然而单亲的照顾方式被发现与低水平的养育有关，更会影响孩子的心理与健康发展（Brown，2004）。还有约50%的父母双方均外出的留守儿童则只能由祖父母照顾。研究发现，留守儿童的祖父母最常使用疏忽的养育方式，很少关注孩子的心理需求（Xu and Pei，2012）。亲子关系的疏离使留守儿童极为脆弱，导致他们的教育成就较低（Lu，2012；Zhao Q，Yu，Wang et al，2014），身体健康状况不佳（Li，Liu and Zang，2015；Wen and Lin，2012）及心理和发展问题（Wu，Lu and Kang，2015）。

随父母迁入到流入地流动儿童的教育问题同样值得关注。由于户籍制度的限制，没有本地户口的流动儿童无法就读于本地的公立学校。例如，大部分北京的中学要求流动人口提供多达八种证件才能使其子女就读于本地学校，而这些证件通常难以获得（Goodburn，2009）。其他的大城市，如天津、深圳和广州等则通过引入积分制度筛选申请就读公办学校的流动儿童。由于流动人口家庭难以满足积分系统的要求，因此，这也在一定程度上限制了流动儿童就读于公办学校的机会（Lu and Zhou，2012）。另一些公立学校则通过收取高昂的"择校费"或举办额外的考试来限制流动儿童就读。即使流动儿童能够通过以上方式进入公办学校就读，也通常被分配到学校设施和师资条件较差的郊区学校就读（Xu and Wu，2016）。

与此同时，另一部分流动儿童则只能进入专门为流动儿童开办的私立学校或民办打工子弟学校。这些学校通常没有官方注册或低于办学标准，如卫生条件差、基础设施差、教师不合格及不专业的管理（Sun et al，2016）。流动儿童在新的社会和文化环境中仍面临各种挑战，并且在融入流入地时遭受边缘化，受到歧视及遇到其他困难。

1.2.2 政策背景

随着流动人口数量的不断增加，流动人口子女的教育问题也逐渐成为各级政府关注的重点。根据流动人口子女的特点，中央政府和地方政府开始制定各项教育政策，解决流动人口子女在城市地区接受义务教育的问题。

2001年以来，中央政府出台了一系列重要举措解决流动人口子女的义务教育问题。表1-3为中央政府流动儿童义务教育政策名称及其作用，其中对中央政府制定的流动人口子女教育问题政策进行了梳理。总体而言，随着时间的推移，中央政府逐渐确定了解决流动人口子女教育问题的核心目标，对解决以上问题的责任归属也做出了明确规定。随着基本策略和指导思想的确立，解决流动人口子女教育问题多的举措也得以进一步完善。例如，2001年5月颁发的《基于基础教育改革与发展的决定》确立了"以流入地政府管理为主，以全日制公办中小学为主"的"两为主"策略。2014年，中共中央国务院印发《国家新型城镇化规划（2014—2020年）》，提出保障随迁子女平等享有接受教育权利的政策目标，提出"将农民工随迁子女义务教育纳入各级政府教育发展规划和财政保障范畴"的"两纳入"策略。流动儿童在流入地的义务教育政策也逐渐由"两为主"转向"两纳入"。这也表现出中央政府逐步解决流动人口子女义务教育机会的努力方向。

表1-3 中央政府流动儿童义务教育政策名称及其作用

政策名称		政策作用
2001年5月《关于基础教育改革与发展的决定》	确立责任	"以流入地政府管理为主，以全日制公办中小学为主"
2003年9月《国务院关于进一步加强农村教育工作的决定》	核心目标	"进城务工就业农民工子女九年义务教育普及程度达到当地水平"

续表

政策名称		政策作用
2003年9月《进一步做好京城务工就业农民工子女义务教育工作的意见》	全面部署	将"进城务工就业农民子女"从"流动人口子女"中分离
2006年3月《国务院关于解决农民工问题的若干意见》	指导思想	"以人为本""保障农民工子女平等接受义务教育"
2006年3月《中华人民共和国义务教育法》	法律依据	增加了对流动儿童义务教育权利保障的规定
2008年8月《国务院关于做好免除城市义务教育阶段学生学杂费的通知》	细化责任	"免除全国城市义务教育阶段学生学杂费"
2010年12月《国家中长期教育改革和发展规划纲要（2010—2020年)》	重申责任	"保障流动儿童平等接受义务教育"
2011年9月《关于做好2011年秋季开学进城务工人员随迁子女义务教育就学工作的通知》	灵活解决	"公办学校不能满足的情况下，可采取政府购买服务方式解决"
2014年3月《国家新型城镇化规划（2014—2020年)》	经费保障	"将农民工随迁子女义务教育纳入各级政府教育发展规划和财政保障范畴"

资料来源：整理自中华人民共和国教育部网站 http://www.moe.edu.cn.（2010—2014）。

解决流动儿童义务教育的责任主要在地方政府，各地实施"两为主"的政策时间，大致经历了从被动应对、改善到扩大公共服务乃至制度变革的过程。依据中央政府的政策，结合地区的具体特征，各地方政府对中央政府的教育政策进行进一步细化，并有针对性的进一步对原有政策进行调整与完善。表1-4整理了地方政府流动儿童教育政策的演变过程。表1-4显示，地方政府对流动儿童义务教育政策的制度经历了从"有限管理"到"改善服务"，再到"制度变革"的过程。例如，在政策管理上，由最初的制定管制性政策文件，转向出台改善性文件，再逐渐转到将流动儿童教育纳入事业规划，并入财政预算；

再如，在流动儿童就读公办学校上，地方政府由最初的设置公办选学校高门槛和复杂手续阻碍流动儿童就读，逐渐转向降低门槛和简化手续，逐步提高流动儿童就读公办学校的比例，再到部分大城市探索积分入学政策。总体而言，流入地政府出台的流动儿童义务教育政策表现出更多容纳的政策及措施。

表1-4 地方政府流动儿童教育政策的演变过程

项目	有限管理	改善服务	制度变革
政策管理	制定管制性政策文件	出台改善性政策文件	将流动人口教育纳入事业规划，并入财政预算
财政政策	实现借读费	减免借读费、免除学杂费，对学校提供补贴	政府购买学位，补助生均办学经费，实施免费教育全覆盖
公办学校	设置公办选学校高门槛、复杂手续	降低门槛、简化手续，提高公办学校就读比例	探索积分入学政策，大城市提高入学门槛
民办学校	将流动儿童教育和打工子弟学校纳入管理	规范化、合理化打工子弟学校；提供专项资助、奖励和教师培训	将打工子弟学校转为民办学校，提供学前教育管理

资料来源：杨东平.2017.中国流动儿童教育发展报告（2016）.北京：社会科学文献出版社，11-12.

与此同时，地方政府在具体实践中出现了一系列新问题，流动儿童义务教育仍存在一些整体性和深层次的政策问题。如2014年，国务院发布户籍改革文件，确定"全面开放建制镇和小城市落户限制，有序开放中等城市落户限制，合理确定大城市落户条件，严格控制大城市人口规模"。在严格控制各大城市人数的政策背景下，部分流动儿童集中的特大城市出现"以教控人"和"高筑入学门槛"的现象，流动儿童接受义务教育的机会受到很大影响，流动儿童在流入地的教育融入进程也受到较大影响。

1.3 研究问题

随着改革开放和城镇化进程的不断推进，流动人口的数量呈现出稳步推进的趋势。与此同时，流动人口子女的数量也随之上升，流动人口子女的教育融入日益成为政策制定者和教育研究者关注的重要话题。从宏观层面说，流动人口子女的教育融入问题不仅关系到中国大陆的社会公平与稳定，而且关系到中国大陆人力资本总量及经济的长远发展；从微观层面说，流动人口子女的教育融入还会影响到流动人口子女个人的认知与非认知能力，从而对其人生发展产生长远影响，所以，流动人口子女的教育融入研究意义重大。

通过文献回顾和政策梳理，本研究厘清了流动人口子女教育融入结果的现状与影响因素。首先，本研究对中国流动人口子女教育融入结果的现状进行分析。其次，在弥补以往研究不足和漏洞的基础上，本研究分别从家庭、班级和学校三个层面对影响流动人口子女教育融入结果的因素进行分析。最后，本研究使用更丰富的数据尝试对以上影响因素的作用机制进行分析。为此，在梳理流动人口子女义务教育的现实和政策背景后，本研究提出以下研究问题：

（1）中国大陆地区流动人口子女教育融入结果现状。

①不同类型流动人口子女的认知和非认知能力是否存在差异？

②不同来源、不同区域和不同代际流动人口子女的认知和非认知能力是否存在差异？

（2）家庭迁移与流动人口子女教育融入结果的关系。

①不同家庭迁移类型流动人口子女的认知和非认知能力现状。

②家庭迁移对流动人口子女认知和非认知能力的影响效应及其异质性。

（3）班级同伴与流动人口子女教育融入结果的关系。

①不同类型子女的认知和非认知能力现状。

②班级同伴对流动人口子女认知和非认知能力的影响效应及其异

质性。

③班级同伴对流动人口子女认知和非认知能力影响的中介因素。

（4）学校隔离与流动人口子女教育融入结果的关系。

①不同类型子女的认知和非认知能力现状。

②学校隔离对流动人口子女认知和非认知能力的影响效应及其异质性。

③学校隔离对流动人口子女认知和非认知能力影响的中介因素。

1.4 研究意义

1.4.1 实践意义

（1）为流动人口家庭中父母、子女和祖父母迁移决策提供理性依据。流动人口家庭的迁移决策是家庭在迁移成本和迁移收益间权衡的结果。在中国大陆城镇化和家庭重教的背景下，基于子女教育融入视角分析家庭内部不同成员的迁移活动（父母迁移，子女迁移，祖父母迁移和家庭整体迁移）对子女认知和非认知能力的影响，有助于流动人口家庭充分认识到不同家庭成员迁移可能给孩子带来的成本和收益，并能够据此做出更为理性的迁移决策。

（2）为学校管理者实施班级学生管理和课堂教学实践提供相应经验依据。基于同伴效应视角，本研究分析了流动人口子女同伴效应对学生认知和非认知能力的影响。分析流动儿童同伴效应有助于探讨在班级间如何分配流动人口子女，以最大限度地减少流动人口子女的负面影响或最大限度地提高其正面影响，为学校管理者在班级间分配流动人口子女提供经验依据。与此同时，本研究还从班级氛围、同伴互动和教师教学实践等视角探究流动人口子女同伴效应的作用机制。这在加深学校管理者和教师对流动人口子女教育融入结果影响因素理解的同时，还有助于学校教育工作者改善教育管理措施和教学方法，从而加快流动人口子女在流入地的教育融入进程。

（3）为政策制定者制定流动人口子女的教育融入政策提供参考。影响流动人口教育融入的因素，除了家庭迁移决策和班级同伴外，最重要的是户籍制度和城乡义务教育财政体制带来的教育机会与质量的差异。近年来，虽然流入地政府逐步放开流动人口子女就读公办学校的限制，但仍有证据显示，流动人口子女大多被迫就读于流动人口子女较多、位于城市边缘或质量较差的学校（Chen and Feng, 2017；Lu and Zhou, 2012）。本研究不仅分析了学校隔离对流动人口子女教育融入结果的影响，还对学校隔离影响的作用机制进行深入探讨，从而为流入地政府制定流动人口子女的学校教育融入政策提供支持依据。

1.4.2 理论意义

（1）已有研究多基于新古典理论视角，将迁移解释为个人迁移成本与收益权衡的结果，少有研究从家庭效益最大化的视角探讨家庭迁移对流动人口子女教育融入的影响。本研究则以家庭为单位，结合新古典迁移理论、实践逻辑理论和多层次迁移理论分析流动人口家庭不同成员迁移对子女认知和非认知能力的影响。此外，已有研究多来自发达国家，分析发展中国家家庭迁移对子女教育融入结果影响的研究仍较为少见。本研究以最大的发展中国家——中国大陆为对象，分析家庭迁移对子女教育融入的影响，有利于拓宽上述理论在发展中国家的适用范围。

（2）在分析学生的教育产出时，已有研究主要基于教育生产函数的分析框架，强调学生的教育产出是个体、家庭、同伴和学校等特征共同作用的结果，然而，作为教育生产函数同伴效应中的重要组成部分，已有研究中并未就流动人口子女的同伴影响得出一致的结论，而分析流动人口子女同伴影响作用机制的研究则更为少见。结合教育生产函数理论的综合分析框架，本研究着重分析班级流动人口子女同伴对学生认知和非认知能力的影响，并对同伴影响的作用机制进行深入探讨。这不仅有助于完善教育生产函数理论的分析框架，还有助于加深学界对教育生产函数中教育生产过程作用机制的理解。

(3) 以经典融入理论为基础，本研究使用分割融入理论解释不同学校特征对流动人口子女的教育融入结果的影响。Portes 和 Zhou（1993）最早提出了分割融入理论，认为移民的融入是在分割和不平等的社会背景下文化和经济等方面差异性的融入过程。在此基础上，Waldinger 和 Perlmann（1998）、Portes 和 Rumbaut（2001）及 Waldinger, Lim 和 Cort（2007）对分割融入理论进行了进一步完善。Lu 和 Zhou（2012）则最早将分割融入理论应用到流动人口子女的教育领域。

本研究在上述研究的基础上，从学校隔离的视角看待分割融入的结果差异，即学校隔离如何导致不同流动人口子女教育融入结果差异的产生。这有利于进一步深化对分割融入理论内涵与作用机制的理解。

第 2 章　政策与实践

2.1　中央政策演变

随着改革开放和市场经济体制改革的不断深入，流动人口数量急速增加，流动人口子女在流入地接受义务教育的问题逐渐显露。中央政府解决流动儿童义务教育问题的政策包括入学方式、管理责任和教育财政等多个方面。另外，中央政策中，管理流动儿童教育问题的政策也涉及户籍制度与财政分权、"两为主"政策的形成、强化地方政府责任和中央政府承担部分责任。

2.1.1　户籍制度与财政分权

户籍制度于 1951 年首次在中国实施，其正式目的是维护社会的和平与秩序并保护人民的安全。根据户口类型，可分为农业或非农业户口。由于户口的地位与当年的食物、住房、医疗服务和教育密切相关，因此，与非农业户口持有者相比，农业户口持有者的社会和经济效益远低于前者（Ou and Kondo，2013）。

户籍制度的一个影响是它限制了流动人口子女在城市地区接受教育的权利。虽然所有学生都必须依法完成九年义务教育，但是大多数地方政府缺乏满足移民学生需求的激励和财政资源。因为教育预算按照当地户口学生的数量分配给当地行政或地区（Chen and Feng,2013），因此，许多城市地区的流动学生被排除在当地公立学校外，并且必须进入低于通常标准或低质量的移民或私立学校学习（Liu,Holmes and Albright, 2015; Sun, Chen and Chan, 2016）。

与此同时，自20世纪80年代以来的财政分权改革赋予了地方政府更多的责任分配公共支出。城乡发展不平衡也影响了政府的教育资助能力，导致公共教育支出的地区差距扩大。农村与城市间教育供给数量和质量方面的差异导致流动人口试图携带子女在城市中接受教育，然而，由于缺乏财政激励，地方城市政府并不愿意将相对有限的财政资金用于没有当地户口登记的移民身上。与此同时，农村与城市之间巨大的发展差异也使流出地政府无力向流入地政府补充流动人口的教育经费短缺（Fu, 2005; Tsang, 1996）。较为分散的财政制度使得流动人口子女的教育经费成为各级政府财政的无人问津之地。

2.1.2 "两为主"政策的形成

1986年颁布的《中华人民共和国义务教育法》规定，凡具有中华人民共和国国籍的适龄儿童、少年，不分性别、民族、种族、家庭财产状况、宗教信仰等，依法享有平等接受义务教育的权利并履行接受义务教育的义务。这是第一次从法律上明确了适龄儿童受教育的权利。1992年颁布的《中华人民共和国义务教育法实施细则》是最早涉及流动儿童义务教育的政策规定，其中第14条规定："适龄儿童、青少年到非户籍所在地接受义务教育的，经户籍所在地的县级教育主管部门或者乡级人民政府批准，可以按照居住地人民政府的有关规定申请借读。"

1996年4月，国家教委颁布的《城乡流动人口中适龄儿童、少年就学办法（试行）》是中央政府为解决流动儿童教育问题专门颁布的第一个政策文件。该办法规定：流入地人民政府要为流动人口中的适龄儿童、少年创造条件，提供接受义务教育的机会。流入地教育行政部门，应具体承担城镇流动人口中适龄儿童、少年接受义务教育的管理职责。城镇流动人口中适龄儿童、少年就学,应以在流入地全日制中小学借读为主,社会和个人可以举办专门招收流动儿童的学校或者教学班,然而,该办法是一种较为宽松且非强制性的政策要求。

1998年,国家教委和公安部颁布《流动儿童少年就读暂行办法》,内容与1996年的文件基本相同,但在公办中小学收取借读费方面有较为清晰的描述,如公办中小学收取借读费的标准按《义务教育学校收费管理暂行办法》执行;专门招收流动儿童的建议学校的设置条件可酌情放宽,收费标准按照《社会力量办学条例》执行。这一时期的政策可以归纳为"公办借读为主,民办简易学校为辅,允许收取借读费"。

2001年,国务院颁布《关于基础教育改革与发展的决定》(以下简称《决定》),《决定》提出,要重视解决流动儿童少年接受义务教育的问题,以流入地区政府管理为主,以全日制公办中小学为主,采取多种形式,依法保障流动儿童少年接受义务教育的权利。此外,《决定》还明确提出以流入地政府管理为主、以全日制公办中小学为主的"两为主"的政策。这显示了中央政府意识到解决流动儿童教育问题的重要性,但其中存在的问题是把流动儿童义务教育责任下放到地方政府,且没有提到流动儿童教育的经费负担问题。

2.1.3 强化地方政府责任

2003年,国务院颁布《关于进一步加强农村教育工作的决定》中,除继续强调"两为主"政策外,还首次提出"进城务工就业农民子女"的概念,将"进城务工就业子女"从"流动人口子女"中分类出来,强调保证农民工子女的受教育权利。同年,国务院办公厅转发了教育部等六部委制定的《关于进一步做好进城务工子女义务教育工作的意见》。这是中央政府第一份专门针对农民工子女义务教育的政策文件,其中对农民工子女接受义务教育做出了比较全面的政策规定,并第一次对政府负担农民工子女义务教育经费的责任做出了规定。

此外,财政部、教育部等五部委于2003年年底联合颁布《关于将农民工管理等有关经费纳入财政预算支出范围有关问题的通知》，其中提出要建立农民工管理和服务工作的经费保障机制，明确地方政府对农民工子女教育的财政责任，同时，也关注到农民工集中地区的区、街道与乡镇的财政压力。2006年9月开始实施的新《义务教育法》，增加了对流动儿童义务教育权利保障的规定，明确了义务教育财政体制，但并没有对流动儿童教育经费问题做出特别规定。

2.1.4 中央政府承担部分责任

2008年，国务院颁布《国务院关于做好免除城市义务教育阶段学生学杂费工作的通知》，要求从当年秋季开学起，免除全国城市义务教育阶段的学杂费，同时，该通知提出对符合接收条件的随迁子女，要按照相对就近入学的原则安排在公办学校就读，免除学杂费，不收借读费。各级地方政府要按照预算内生均公用经费标准和实际接收人数，对接收进城务工人员随迁子女的公办学校足额拨付教育经费。与此同时，中央财政对流动儿童接受义务教育解决较好的省份给予适当奖励，开始承担部分财政责任。

2010年，中共中央和国务院发布的《国家中长期教育改革和发展规划纲要（2010—2020年）》，提出坚持教育的公益性和普适性，保障公民依法享有接受良好教育的机会。简称"股改城乡"的基本教育服务体系，逐步实现基本教育服务均等化的目标。再次重申流动儿童义务教育"两为主"政策，明确提出要确保流动儿童平等接受义务教育，同时，研究制定流动儿童接受义务教育后在当地参加升学考试的办法。

2011年，教育部发布《关于做好2011年秋季开学进城务工人员随迁子女义务教育就学工作的通知》。2012年9月，《国务院关于深入推进义务教育均衡发展的意见》中提出："在公办学校不能满足需要的情况下，可采用政府购买服务的方式保障进城务工人员随迁子女在依法举办的民办学校接受义务教育。"该项意见明确提出通过政府购买教育服务的方式解决农民工子女接受义务教育的问题，为解决农民工子女接受义务教育的问题提供了新思路。

2014年，中共中央和国务院印发《国家新型城镇化规划（2014—2020年）》，提出保障随迁子女平等享有接受教育权利的政策目标，将农民工随迁子女义务教育纳入各级政府发展的规划和财政保障范畴，保障农民工随迁子女以公办学校为主接受义务教育。这显示，解决流动儿童义务教育应从"两为主"转向"两纳入"，即将常住人口纳入区域教育发展规划，将随迁子女教育纳入财政保障范畴。截至2014年年底，全国随迁子女在公办学校就读比例保持在80%。

2014年，国务院发布关于户籍改革的文件，明确对不同城市实行梯度开放的原则，即全面放开建制镇和小城市户籍限制，有序开放中等城市户籍限制，合理确定大城市落户条件，严格控制特大城市人口规模。对减少人口数量的硬性控制造成在流动人口子女较为集中的特大城市开始出现"以教控人"的现象，提高了入学门槛，因此，流动儿童的入学机会受到很大程度的影响。

2.1.5 小结

流动儿童在流入地接受义务教育最早可以追溯到户籍制度与分权改革。2001年实施的"两为主"政策（以流入地区政府管理为主，以全日制公办中小学为主）明确了流入地政府在流动儿童教育问题管理中的主体地位。此后，中央政策的演变经历了由强化地方责任向中央承担部分责任转变，中央政府开始承担部分财政责任。近年来，随着户籍制度改革的推进，大城市和特大城市开始出现"以教控人"的现象，因此，流动儿童的义务教育入学机会再次受到冲击。

2.2 地方政策实践

随着中央政府解决流动人口子女教育问题各项政策的不断推进，地方各级政府开始落实"两为主"的政策。地方各级政府对待流动人口子女教育问题大致经历了从被动应对到逐渐改善再到扩大服务乃至制度变革的过程。

2.2.1 城市公办学校

早期,由于分税制改革,流入地政府对向流动人口子女接受义务教育的经费缺乏制度激励,各地主要采取在公办学校收取借读费的方法接收流动人口子女。1998年,国家教委和公安部颁布《流动儿童少年就读暂行办法》,为当地政府公办学校收取借读费提供了依据。当地政府向城市公立学校就读的流动人口子女收取数额不等的借读费。借读费的标准因地区和时间而存在较大差异,并且在很大程度上取决于公办学校的质量。高额的借读费给流动人口家庭带来了较为沉重的负担。借读费也成为影响流动儿童接受当地义务教育的重要障碍。

2002年颁布的一系列通知及新的《教育法》的实施,强调了对流动儿童的免费义务教育。2010年,教育部颁布了《关于修改和废除部分条例的决定》,明确规定取消公立学校收取的额外费用,然而,当地公立学校收取的额外费用仍然是影响2004年后流动儿童教育程度的主要障碍之一。当政策要求取消对流动儿童义务教育的额外费用时,地方政府采取地方行政要求替代缴纳费用。基于户口登记制度,行政障碍取代了金融障碍,成为阻止流动儿童进入公立学校的权利的最主要手段。曾经能够简单地支付孩子进入公立学校的移民现在面临着更加困难的行政限制。

2004年后,北京市政府规定,流动儿童必须满足"五证齐全"(即家长就业证明、全家户口簿、住所居住证、暂住证和老家无人监护证明)的条件才能入读公立学校,无须额外费用,然而实际上,一些城市学校要求的证书或文件超过5份,有的甚至多达28份。其他城市也纷纷效仿北京的做法。例如深圳要求流动人口家庭提供6份证书或文件。上海要求提供5~6份文件。其中,至少有4份文件是流动人口子女入读其他城市学校的基本要求。大多数大城市招收流动儿童的关键文件是临时居住证件,住房购买证或租赁凭证及父母的就业证明。此外,在许多情况下(如在上海),父母必须在流动地工作6个月甚至以上,才能让他们的孩子入学。

由于许多流动人口主要集中在非正式或底薪的职业，因此，满足这些行政要求并不容易。许多移民家庭几乎没有机会提供他们的孩子在城市公立学校接受义务教育所需的所有文件。城市对移民子女教育的行政要求，意味着公立学校并不对所有流动儿童开放。相反，只有少部分满足政策要求、社会经济条件较好的流动人口子女才能就读于城市公办学校。

流动人口较为集中的另一城市，上海则采取积分系统管理流动人口子女在本地公办学校的入学机会。该系统根据流动人口的财务状况、职业类型和教育登记来分配积分。满足积分标准的流动人口可以获得上海市居住证，并在一定程度上允许其子女在本地就读公办学校。此后，许多其他大城市都引入了上海的积分系统（包括北京、天津、深圳和广州等经济水平发展程度较高的大规模城市），然而，由于积分系统要求的就读标准较高，大部分流动人口家庭无法满足积分条件，因此，他们也就无法通过积分系统在城市地区的公办学校就读。

2.2.2 流动儿童学校

20世纪90年代早期到中期，在城市地区出现了一批由流动人口自己开办的私立流动儿童学校（也称打工子弟学校），虽然这些学校大多数是非法的，但在20世纪90年代至21世纪初期，地方政府主要采取一种默许的态度（不取缔，不承认，自生自灭）来对待私立打工子弟学校。

私立流动儿童学校的一个主要问题是教育质量低下。许多研究表明，移民学校的特点是设施差、教师素质低、教师和学生流动频繁。一些研究表明，私立流动儿童学校的质量甚至比农村公立学校更差。流动儿童学校在20世纪90年代和21世纪初迅速发展，新学校的数量在1998年达到顶峰，然而不能忽视的是，流动儿童学校在特定的时期在一定程度上满足了流动人口子女的受教育需求。

自2006年以来，包括北京、上海和广州在内的许多大城市已经开始关闭低质量的农民工学校，并试图将流动儿童纳入公立学校体系。

2008年起，上海市启动了进城务工人员随迁子女义务教育三年行动规划（2008—2010年），通过扩大公办教育资源、新建公办学校、简化入学条件、放宽班额等举措，吸纳随迁子女进入公办学校就读。与此同时，将流动人口自办的小学全部纳入民办学校，简称"纳民学校"。2008—2010年，共设立162所招收流动人口子女为主的民办小学，政府向其购买约12万个免费义务教育学位。逐步关停存在安全隐患及办学条件不合格的农民工子女学校100所，基本清除了未经审批的流动人口学校。

2013年后，在控制特大城市人口规模的要求下，上海市和北京市开始大幅提高流动儿童入学门槛。以北京为例，2014年采取"痛下决心遏制北京人口无序快速增长"，采取"以教控人""以房控人"和"以证管人"等多项举措，严格限制人口规模。对流动人口子女的入学政策也迅速收紧，入学门槛大幅提高。与此同时，逐步限制甚至关停市内流动儿童学校。北京市教委的统计信息显示，2014年，北京市"幼升小"参加采集信息、获得入学资格的流动儿童仅为56 827人，比2013年的74 890人减少约1.8万人，不到总采集人数的38%（赵晗，陈天，2015）。大量无法在北京上学，又无法回老家就读的流动儿童选择在北京周边的河北省的民办学校就读，形成了一条以三河、廊坊、香河、大厂、衡水等河北市县为主的"环北京教育带"。流动儿童也成为需要每周长度奔波，往返于河北与北京之间的"候鸟学生"（杨东平，2017）。

2.2.3 小结

流动儿童义务教育的地方政策与实践则经历了由有限管理，到积极改善公共服务，再向探索制度变革的三个阶段。城市公办学校从收取借读费用，转变为取消借读费用，设置较高入学门槛，再到降低入学门槛探索政策管理和积分入学转变。对流动儿童学校的管理也经历了从管理层面的默许到将流动儿童学校纳入管理体系中，逐渐规范化、合法化。与此同时，上海市还将流动儿童学校转变为民办学校管理，通过政府购买学位的方式解决流动儿童义务教育的入学问题。

2.3 本章总结

本章的主要目的是回顾大陆流动儿童义务教育的制度背景，特别是从中央和地方政府两个层面关注流动儿童义务教育的政策与实践。第1部分主要呈现中央政策管理流动儿童义务教育机会的政策演变。本章的第2部分则从地方政府的视角梳理流动儿童的教育政策与实践。

通过对以上两部分内容的分析，本章总结出流动儿童教育政策的特点。

首先，在背景方面，流动儿童教育问题的产生是在人口流动与户籍制度和现有教育财政制度间矛盾下产生的。人口向城市地区流动，主要是由于人口集聚产生的规模经济效应。与农村地区相比，大城市的劳动生产率与工资水平更高，并且有更多的工作机会。流动人口在城市地区数量增长也是经济发展的结果。与此同时，中国传统的城乡二元结构形成了户籍人口和非户籍人口的区别，而各项政府提供的公共服务又是与本地户籍挂钩。由于没有本地户籍，因此，流动人口无法享有与本地居民相同的公共服务；由于教育财政制度的限制，流动儿童也无法享受与本地儿童相同的受教育机会。

其次，从中央政府层面看，流动儿童的教育政策经历了由"两为主"向"两纳入"的转变。在国家实施城镇化战略的背景下，中央政府解决流动儿童义务教育的政策也在不断深化，由最初的以流入地政府管理为主、以全日制公办中小学为主的"两为主"政策转变为将常住人口纳入区域教育发展规划，并将随迁子女教育纳入财政保障范畴的"两纳入"政策。在体现对流动人口子女教育问题重视的同时，也明确了各级政府在各级财政间分担流动儿童义务教育经费的责任。

再次，从地方政府层面看，流动儿童的教育政策经历了由有条件提供教育机会向提供均等教育机会转变。早期，由于缺乏财政激励，地方政府采取有条件向流动儿童提供教育服务的政策，要求流动儿童满足若干条件并交纳一定数额的费用才能提供教育服务。随着中央政府"两为主"政策的推行,地方政府开始将流动人口教育纳入教育规划和财政预算,通过政府向私立学校购买学位或者将流动儿童学校转为民办学校的方式,开始在流入地向流动儿童提供均等的教育机会。

  最后,流动儿童教育问题在特大城市人口调控的政策背景下面临新的挑战。随着特大城市人口调控政策的出台,流动儿童的入学门槛大幅提高。以上海市为例,其于2013年起实行积分落户、积分入学的政策,除提升"房产"的重要性外,实行学历加分、职称加分、创业加分。积分政策设定向优势阶层倾向,无法保障流动人口子女的基础教育需求,而在流动儿童较为集中的北京,则出台"以业控人""以房管人""以证管人"和"以教管人"等多项举措控制人口,导致流动人口子女入学政策骤然缩紧,入学门槛也大幅提高。许多流动儿童无法在流入地接受义务教育,只能选择在远离城市的郊区甚至被迫返回家乡接受义务教育。这不仅影响了流动人口子女在流入地的教育融入进程,还有可能迫使流动人口子女返乡,从而形成新的留守儿童问题。

第 3 章 文献综述

3.1 理论基础

3.1.1 影响移民决策的相关理论

人力资本理论将迁移行为视为对人投资的一个部分。通过改变原有的地理位置,个人可以获得更高的经济回报。个人的迁移决策是依据自身的受教育水平将终生收入进行贴现后对比流入地和流出地经济回报的结果(Sjaastad,1962)。由于中国大陆地区巨大的城乡差异,因此,流动人口子女的迁移行为同样可能是迁移决策的结果。迁移选择的相关理论系统地分析了影响人口迁移的原因,也因此成为分析流动人口子女迁移行为的一个重要前提。厘清影响流动人口子女迁移的影响因素也为后文分析流动人口子女迁移活动提供了理论框架。本章将综述现有影响人口迁移的理论,包括新古典迁移理论、实践逻辑理论和多层次迁移理论。

3.1.1.1 新古典迁移理论

以个体收益最大化的理性分析为出发点,新古典迁移理论(Neoclassical Migration Theory)将经济原因视为影响个体迁移决策的最重要因素。新古典迁移理论的代表 Todaro 等认为,个人的迁移决策不仅取决于迁出地和迁入地之间的预期收入差异，还取决于个人在迁入地获得工作的可能性考虑（Harris and Todaro，1970；Todaro，1969）。此外，当迁入地和迁出地收入的差异过大时，即使短期无法在流入地就业，人们仍愿意选择迁移（Massey et al，1993）。

新古典迁移理论的核心假设包括：①劳动力是稀缺的，即与资本类似，劳动力在市场上也是稀缺要素。②不同区域间的资源是不均等的，而这种不均等引发了人口迁移的人力资本投资。与旧古典经济理论不同，新古典经济学理论还强调个人特征对迁移决策影响的差异性，认为拥有不同的特征（如年龄、性别、受教育程度和婚姻状况等）的个人在选择迁移时具有不同的特点（Hatton and Williamson，1993；Konseiga，2007；Tsegai，2007）。

新古典迁移理论提倡的迁移者的个体差异已被随后的研究不断证实，同时，也为城乡人口流动研究做出较大贡献，然而，该理论却仍局限于市场完善和信息充分的假设条件，与现实中区域或城乡间市场的实际情况存在较大差异。在市场完善和信息充分的假设下，孤立地考察人口迁移与收入的关系也难以反映迁移决策的复杂特征与动态过程。

3.1.1.2　实践逻辑理论

实践逻辑理论（Logical of Practice Theory）由布迪厄提出，将流动人口的家庭迁移视为产生于社会环境内的一种实践。而这种实践又是由流动人口家庭的习性和拥有的资本及特定的场域所决定的，四者之间的关系如下：

$$[(资本)(习性)] + 场域 = 实践(迁移) \qquad (1)$$

其中，资本可被视为资源，可以表现为三种不同的形式：经济资本、文化资本和社会资本（Bourdieu，1986）。经济资本是指物质资源，包括家庭财产或收入，或拥有住所和高档消费品等，可以通过家庭财产和收入衡量。经济资本可以通过在家中提供学习场所、购买学习辅助材料、解决家庭财务问题等形式辅助子女更好地学习。此外，家庭资本还可以购买学习资源，为子女提供上补习班和进入高质量学校的机会，以便提升孩子的学业表现。

文化资本最早由 Bourdieu 提出，是指一般文化背景、知识、语文、性情和技能。文化资本可分为三种形态，第一种是内化于身体的形态，如根深蒂固的性格倾向于外在体态，如行为习惯、语言能力或对书籍和美术作品的品位等；第二种是实物形态，体现为家庭内书籍、图片和仪器等文化用品上；第三种是制度化形态，体现为学历教育，可以文凭的形式被制度化。Bourdieu（1986）认为，文化资本是行动者对某种文化资本的占有，在社会再生产中发挥着重要的作用。

社会资本最早出现于 Bourdieu 的研究中。Bourdieu（1986）认为，社会资本是拥有持久社会网络或属于特定团体而得到的集体支持力。社会资本的多寡可由两个因素决定：社会网络的大小及相关成员拥有的资本总量。Coleman（1988）则将社会资本界定为一种在团体中人与人之间所出现的相互关系、互动和网络。在随后的研究中，Coleman（1993）进一步将社会资本分为家庭内部社会资本和外部社会资本。前者是指家庭内部代际关系的紧密性，也称"父母参与"，包括父母与子女间的交流、父母对子女的监督和指导等，体现了父母对子女的关注及精力的投入；后者则指父母与其他家长或与教师联系的关系网络情况，也称"代际闭合"（Coleman，1993）。父母参与和代际闭合可以形成一种支持性社群，有利于各种有关孩子学习和生活信息的传递，从而达到鼓励、监督、促进子女更加努力及有效的学习。Ho（1999）对社会资本的研究进行总结，认为社会资本包括结构和过程两个方面。前者包括家庭类型、兄弟姐妹数量等，这些因素决定了父母与子女相互作用的机会及频率和持久度；后者指父母与子女的互动，如指导孩子做作业、与孩子讨论学校活动和对孩子具有较高的教育期望等。

习性是指后天获得的性情倾向、思想和生活品位。习性可以被理解为个体或群体根据客观结构和过往经验形成的倾向性。布迪厄认为，习性具有三个重要特征：习性首先是一连串贯彻以往经验的倾向性；习性显示一种现在存在的性情倾向；习性还是一种对未来的行为取向（Bourdieu and Passeron，1977）。布迪厄还认为，习性可以被视为一种个体或群体的原则、生存心态、惯性模式、现在行动，连接以往和未来的原则。习性并非理性或非理性的产物,因为习性不是经过深思熟虑的理性分析,而是一种习以为常的取向,由个体根据以往的客观结构环境积累而成(何瑞珠,2002)。

布迪厄将社会世界视为一个由场域组成的多向维度空间,而场域则可包括家庭、学校、教会、国家和政党等。在一般的场域中,个体和机构则根据游戏规则争夺有利的位置与关键的资本(Bourdieu and Wacquant, 1992)。在子女的教育中,场域最初始于家庭及学校系统。教育场域同样是高度分层的,学生、家长、老师及教育决策者均占有不同的位置,而学生或家长能否在教育场域内取得有利位置,则取决于他们对这个场域中的游戏规则的掌握程度及本身所拥有资本的数量及组合情况(Bourdieu, 1990)。

以上资本、习性和场域通过布迪厄的排距机制对流动人口迁移造成影响。排拒机制可由不同流动人口家庭的资本及孩子的习性开始,通过教育场域,部分劣势流动人口家庭不能实现迁移,从而复制父母的阶层世世代代处于劣势地位。Lamont 和 Lareau(1988)将排拒机制概况为四类:自我淘汰,过度筛选,驱逐放弃和直接排距。自我淘汰发生于流动人口家长缺乏学校认可的条件或缺乏足够的资源而被排除于流入地学校之外,当这种劣势被当作现实,流动人口就会主动放弃家庭迁移的过程;过度筛选则产生于流入地学校对所有家庭做出同样的要求,如一些学校不会因为流动家庭的时间和资本劣势而降低流动儿童课程要求,从而使流动人口子女被过度筛选,降低家庭迁移的可能性;驱逐放弃指学校可能通过学业竞争将学业上处于劣势的流动人口子女驱逐出学校,迫使家庭迁移进程终止;直接排距则表现为流动人口家庭拥有的资源不足而被排距于迁移之外,如因缺少家庭经济和文化资源未能完成家庭迁移或子女入学等。

3.1.1.3 多层次迁移理论

Findley(1987)提出的多层次迁移理论(Multi-Level Migration Theory),分析了地区层面宏观因素如何影响个人的迁移决策。多层次迁移理论认为,个人或家庭的迁移决策受到许多非个体因素的影响,如人口、环境、经济、社会与公共管理等（Findley，1987）。

首先，个人和家庭的迁移行为会受到地区间的非个体因素影响。已有研究指出，宏观因素如人口的规模与密度、地理环境、医疗和教育资源情况等都是影响个人迁移的重要因素（Greenwood，1985，1997；Greenwood and Hunt，2003；Katz，2000；Konseiga，2006）。通常而言，这些非个体因素越优越便越能吸引个人和家庭的迁移，也更有利于个人和家庭在流入地的融入进程。例如，Graves（1980）的研究发现，区域中的非交易物品（如气候、风度和舒适度等）都有可能影响人口的城乡迁移（Graves，1980；Graves and Linneman，1979）。

其次，城乡间的经济因素同样会影响个人和家庭的迁移决策。城市地区较高的就业率会极大地吸引农村人口进入城市地区，同时，人口迁移又会带来进一步就业的可能性（Findley，1987；Greenwood，1985，1997）。Greenwood（1985）的研究发现，一个工作机会的产生不仅会吸引一个人口迁移，还会在5年后增加1.2个工作岗位。与之对应的，农村地区的农业发展水平则会影响农村地区剩余劳动力的外出可能（Katz，2000）。农村地区家庭收入越高，农业人口选择进城打工的概率越低。农村地区非农业工作机会则会提高本地的就业率，同时，降低农村人口外出打工的概率（Molho，1984）。

最后，个人和家庭的迁移决策还会受到地区公共管理和社会环境因素的影响。随着迁移人口对生活质量要求的提高，流入地的环境、气候、基础设施及医疗和教育等公共服务也可能在一定程度上成为影响迁移决策的因素（Findley，1987）。有研究发现，地区公共教育和医疗健康服务情况都会影响人口的迁移（Katz，2000；Porell，1982）。Porell（1982）的研究发现，除经济原因和生活质量外，城市公共服务和基础设施同样对农民家庭具有吸引力。此外，迁入地社会对移民的接纳程度也会影响个人和家庭的迁移决策。例如，若流动人口及其子女在流入地的社区或学校中受到歧视，则不仅会影响流动人口家庭的迁移决策，而且同样也会影响到流动人口子女在迁入地的教育融入进程。

3.1.1.4 小结

探讨流动人口子女迁移决策的影响因素是评估流动人口子女迁移活动的前提条件。在流动人口子女进行迁移的过程中，同样会受到个人、家庭和地区因素的影响。本部分内容从新古典迁移理论出发，结合实践逻辑理论及多层次迁移理论对影响流动人口子女迁移的因素进行了总结。研究发现，新古典迁移理论主要从个人出发，强调迁移为个人带来的收益及实现这种收益的可能；实践逻辑理论则将家庭迁移视为家庭资本、习性和场域的共同结果；多层次迁移理论则更加强调一系列非人为因素，如人口、环境、经济和公共管理等对个人和家庭迁移决策的影响。

实际上，流动人口子女的迁移决策可能涉及多个方面，既包括从流动人口及其子女家庭层面考虑在不同地区获得的经济收益差异，也包括流动人口子女家庭经济、文化和社会资本存量，习性（家庭教育期望）和不同场域的影响等。此外，从地区层面，一系列非人为因素同样值得重视，如流入地和流出地的经济发展水平、基础设施、教育质量及教育政策方面的差异等。若从单一视角去解释流动的家庭迁移决策，则可能无法揭示流动人口子女迁移影响因素的全貌，因此，在考查流动人口家庭迁移时，应当综合考虑以上因素。

3.1.2 影响移民融入的相关理论

当代移民教育研究的一个重点在于分析移民后代的社会适应性及与不同背景子女的教育成就差异（Portes and Rumbaut，1996）。其中，许多研究将移民子女与本地子女进行对比，并试图揭示各项差异产生的原因（Borjas，1990）。在学业表现方面，虽然越来越多的文献表明移民子女与本地子女相比处于明显的弱势，但已有文献并没有就这一问题得出一致的结论。例如，有研究指出亚洲裔移民（如中国人，韩国人和菲律宾人）的学业表现要优于本地学生，而某些拉丁裔移民的学生，如墨西哥人和中美洲人则面临着较为严重的学业障碍，学业表现也远低于本地学生（Gibson，1989；Hirschman and Wong，1986；Matute-

Bianchi, 1991; Suarez-Orozco, 1987; Zhou and Bankston, 1998)。

同样已有的中国研究中，流动儿童与本地儿童的教育结果差异也并未达成一致。有研究指出，与本地儿童相比，流动儿童拥有更低的学业表现、更高的辍学率和更高的留级率（Chen et al., 2009; Chen and Feng, 2013; Liang and Chen, 2007; Lu and Zhou, 2012; Wu and Zhang, 2015; Xie, Niu and Xie, 2011）。相反，也有研究发现在城市的公办学校内，流动儿童与本地儿童的学业表现并没有显著差异（Chen and Feng, 2017; Lu and Zhou, 2012; Xu and Xie, 2015）。另外，还有研究指出，流动儿童的语文成绩甚至要优于本地儿童（Wang, Cheng and Smyth, 2018）。因此，有必要对移民的与本地子女间教育结果差异的相关理论与经验证据进行梳理。从而更为全面地了解以上差异产生的原因及其内在机制，为探讨中国大陆流动人口子女的教育融入问题奠定基础。

3.1.2.1 经典融入理论

在已有的移民研究中，融入就一直被视为理解移民经济、社会和教育结果的重要概念。经典融入理论（Classical Assimilation Theory）认为，随着时间的推移和移民代际的增加，移民的教育成就、就业机会、工资收入、空间分布、语言使用甚至婚姻模式都将与当地人逐渐相似（Gordon, 1964; Waters and Jiménez, 2005）。在融入过程中，移民会获得其他群体的记忆、情感与态度。通过分享经历和历史，移民最终融入这些群体共同的文化生活中（Park, Janowitz and Burgess, 1969）。

该理论的中心假设有三点，首先，各种族群体都有一个分享共同文化的自然过程，并拥有平等地获得机会的社会结构；其次，融入过程包括抛弃旧的文化与行为模式，转而逐渐支持新的文化和行为模式；最后，融入的过程一旦启动，移民群体就不可避免且不可逆转地走向融入。移民融入的过程则包括接触、竞争和适应三个阶段（Park, 1928）。受生物力量（模仿竞争）和社会力量（交流与合作）的影响，移民群体及其后代有望放弃旧的生活方式，通过住宅融入和职业成就完全"融入"过程，成为社会主流（Zhou, 1997）。

在后续的发展中，Gordan（1964）指出，移民的融入涉及的不仅只有一个方面，而单一维度的融入并不意味着其他维度的改变。一些维度的融入（如语言的获得）或许是在迁入地生活的自然结果，但类似于跨种族婚姻和成为迁入地社会主流的成功与否，则需取决于迁入地的情况及移民可能面临的歧视问题。后续的研究也指出，经典融入理论预言的自然融入过程并不完整。因为移民的融入过程不仅取决于移民的个人特征，还取决于流入地复杂的社会环境及对移民的接纳程度（Hirschman，2001）。此外，移民的融入还与特定的历史背景有关，例如，20世纪20—50年代，在美国生活的欧洲移民代际社会流动逐渐增加，跨民族通婚的比例也持续上升，而这些融入则被归因于移民教育成就的上升、工作技能的获得、英语流利程度的增加及对美国主流文化的接纳（Chiswick，1977；Greeley，1976；Lieberson and Waters，1988；Sandberg，1974；Wytrwal，1961）。

虽然面临一些质疑，已有研究中还是存在大量实例支持经典融入理论。在教育领域中，研究者关注的重点主要集中在移民子女的教育进步上。有研究显示，1910年，美国移民子女的教育录取率要低于本地白人子女，随着时间的推移，大多数第二代移民的教育录取率已经达到甚至超过本地白人子女。虽然移民子女的教育劣势被归因于英语能力的不足及父母较低的社会阶层，但当上述因素被控制后，移民子女和本地子女的教育录取率差异已经不再明显（Jacobs and Greene，1910）。

另外，还有研究者关注了亚裔移民子女教育融入方面的成功。多数研究认为，亚裔移民子女的教育融入来源于亚裔家庭一直以来重视教育的家庭传统价值观念（Fejgin，1995）。Sue和Okazaki（1990）却指出，亚裔移民子女的教育成功或许是因为亚裔家庭在流入地受到的歧视，亚裔子女则将教育成功视为解决歧视问题的一种方案（Sue and Okazaki，1990）。还有研究者关注西班牙裔和墨西哥裔移民子女的教育融入情况，但对第二代西班牙裔或墨西哥裔的教育融入情况，至今没有得出一致的结论（Landale，Oropesa and Llanes，1998；Wojtkiewicz and Donato，1995；Zsembik and Llanes，1996）。例如，Landale、Oropesa 和 Llanes（1998）发现，虽然总体上墨西哥裔移民子女的教育融入情况在提升，但融入进程与移民代际息息相关。第一代墨西哥裔移民的教育往往处于劣势，而第二代墨西哥裔移民的教育成就则要高于第一代，但这种上升趋势似乎并不能持续，第三代及其后代的教育成就会再次下降。

3.1.2.2 分割融入理论

同样基于解释移民融入的目的，Portes 和 Zhou（1993）提出了分割融入理论（Segmented Assimilation Theory）。与经典融入理论认为移民及其后代最终会与当地人融入的观点不同，分割融入理论认为移民融入的过程是在分割和不平等的社会、文化和经济等多方面背景下差异性的融入过程。

移民融入的过程至少包括三种可能的方向，首先，向上流动模式。移民完成文化适应及经济融入的过程，最终进入美国中产阶级。其次，向下流动模式。移民完成文化适应，平行融入下层阶级。最后，与美国中产阶级完成经济融入，但文化适应进程比较落后，仍蓄意保留移民社区原有的价值观和社区团结（Portes and Zhou，1993）。分割融入理论可以被视为一种中间理论，关注的是为什么不同的适应模式会在当代移民中出现，以及这些模式如何必然导致趋同或分歧的命运（Zhou，1997）。

影响融入模式的因素则包括外在因素和融入障碍。前者可以被概念化为移民及其子女对抗外部挑战的主要资源，包括家庭的人力资本、社会资本及家庭结构特征；而后者则是指影响移民融入的外部性障碍，例如，种族歧视、分割劳动力市场、与帮派和毒品交易相关的亚文化等（Portes，Fernández - Kelly and Haller，2009）。

（1）人力资本。20 世纪 60 年代，人力资本理论（Human Capital Theory）得以充分发展。Schultz（1961）把教育费用视为一种投资进行分析。几年后，Becker（1964）正式提出人力资本理论。人力资本理论将凝结在人身上的知识、习惯、社会和人格属性视为资本的一种形式，并认为这种资本可以产生经济价值（Becker，1964；Schultz，1961）。

在相关的移民研究中，移民儿童与本地儿童学业表现差异被归因为家庭人力资本存量差异。根据这种观点，不同背景儿童教育表现的差异来自父母拥有不同的人力资本天赋（Borjas，1989；1990）。这种天赋通过基因、社会化、文化价值、生活方式、语言、认知与非认知能力训练及对孩子学业的参与、鼓励和功课辅导传递给下一代（Bourdieu，1984；Bowles，Gintis and Groves，2009；Schneider and Coleman，1993）。此外，如果父母出生在外国且不熟悉新国家的语言，那么也可能导致移民子女学业表现的劣势。移民子女的劣势还可能来自移民家庭与新国家或地区的文化距离及陌生的学校系统，从而影响移民对孩子在学业上的支持（Kristen，2003）。

（2）社会资本。社会资本理论（Social Capital Theory）认为，移民和本地子女教育结果差距来自社会资本的差异。该理论的概念由 Bourdieu 和 Passeron（1977）提出。虽然与经济资本和人力资本同样拥有生产能力，且能为拥有者提供相应收益，但社会资本只能嵌套在社会关系中，并且收益的实现需限于主体参与的活动和环境。

Coleman（1998）提出了两种类型的社会资本，即家庭内部社会资本和家庭外部社会资本。前者包括父母与子女之间的互动，后者则不仅包括家庭所在社区的文化规范与价值体系，还包括与朋友和熟人网络的密度和范围（Coleman，1988）。家庭内部社会资本主要通过父母与子女的家庭互动将父母的人力资本、技能和生产力传递给子女。外部家庭社会资本的一个关键组成部分是"代际封闭"，即父母与其子女朋友的父母保持互动网络，从而增加对所有儿童活动的监督和了解（Kao and Rutherford，2007）。通过互通网络，父母除了监督孩子的活动外，还可以传递和强化与学业成功相关的规范与价值观，从而影响子女的学业结果。另外，后续的研究还指出，社会资本还通过影响亲子讨论、师生关系、父母学校和友谊网络的质量等影响学生的教育结果（Croninger and Lee，2001；Muller and Ellison，2001；Stanton-Salazar and Dornbusch，1995；Sun，1999）。

(3) 家庭结构。除以上因素外，分割融入理论认为移民子女的教育结果还受到家庭结构（Family Structure）的影响。家庭结构完整或拥有扩展型家庭结构的移民子女教育成就更高。本研究结果显示，与父母、祖父母或年级更大的兄弟姐妹共同居住都会为移民子女提供更多激励。与此同时，也有利于控制移民子女的不良行为。相反，若家庭结构不完整（尤其是生活在单亲家庭中），则对移民子女的教育成就产生相反的作用（Portes and Rumbaut, 2001）。

Carlson 和 Corcoran（2001）提出，家庭结构通过经济状况、父母的社会化、童年的压力和母亲的心理健康四种机制影响移民子女的教育结果。经济收入决定了家庭是否能为子女的成长提供充分的食物和住宿条件及其他有利于身体健康、认知能力或社会发展的条件（Hill, Yeung and Duncan, 2001）。家庭收入也决定了家庭的居住地社区，居住在富裕社区的子女能受到较高质量的同伴影响，从而促进学业表现和社会化行为的发展；家庭中父母的社会化程度则决定了子女是否能获得对健康发展有利的家庭温暖和情感支持（Bradley, Caldwell and Rock, 1988）。此外，父母共同承担子女抚养责任的家庭也为子女培养较强的责任心和学习社会规则提供了机会（Carlson and Corcoran, 2001）。

相反，某些具体的事件，如父母冲突或家庭关系紧张会直接为子女带来压力。这会使子女希望从家庭环境中获得解脱，从而失去了父母抚养和社会化的机会。这种家庭压力也增加了子女在家庭外部受到负面的同伴影响的可能（Carlson and Corcoran, 2001）；母亲较低的心理健康水平也会对子女的教育结果产生负面影响，这可能是由于母亲较低的心理健康水平带来了低水平的育儿实践，也可能来自抑郁母亲对孩子的负面看法。这种负面看法则会导致孩子的行为问题更加严重（Downey and Coyne, 1990; Friedlander, Weiss and Traylor, 1986）。

(4) 社会环境。除移民家庭的人力资本和社会资本外，接纳地的社会环境（Social Context）也是影响移民融入的重要因素。Portes and Rumbaut（2001）系统地总结了接纳地社会环境的三个因素，他们认为接纳地社会环境包括政府政策、本地人态度及社区情况（Portes and Rumbaut，2001；Zhou，1997）。

政府政策是制约移民社会融入的首要因素。虽然各国政府对待移民的政策各不相同，但基本特征包括排斥性、被动接受或积极鼓励，而当强制或排斥性的政策得以实施时，移民很有可能流动到社会底层或成为社会弱势群体。此外，政府政策还包括是否授予移民合法的公民权，而这又与移民在当地是否能与本地公民享有相同的社会福利息息相关。最后，当政府采取积极态度鼓励移民融入时，移民能接触到更多社会中资源，为移民的社会流动提供了机会（Portes and Rumbaut，2001）。

其次，流入地社会环境则是影响移民融入的又一重要因素。一个广泛的社会准则是在外貌、阶层背景、语言和宗教方面与本地人越相似的移民越容易被当地人接受，而且能更快地融入当地社会。此外，种族成为影响接纳移民与否的社会标准之一，这种影响甚至超越了阶层背景、宗教或者语言特征（Haller and Landolt，2005）。例如，由于美国社会中种族梯度文化的存在，移民的肤色越深，他/她离主导群体的社会距离也就越远，同时，移民个人的资质也更难获得社会的认可（Portes and Rumbaut，2001）。

最后，影响移民融入的社会因素还包括移民同胞社区的构成情况。当同胞社区不存在时，移民需要自己克服社会融入的各种挑战，而通常情况下，移民面对的是已经存在的同胞社区。同胞社区可以为移民应对外国文化和寻找工作提供缓冲，也可以为移民提供诸如住房、购物和儿童教育等方面的即时帮助（Massey，1986；Portes and Rumbaut，1996）。同胞社区的阶层构成则对移民的社会融入具有重要影响。例如，当移民的社区同胞主体是工人阶层时，社区为移民提供的更多的是普通职位的雇佣机会，然而，这可能从某种程度上限制了高人力资本移民的职业成就。相反，当同胞社区主要是由专业职业者或企业主构成时，移民则可以更加充分地发挥潜质，从而获得更高的教育或职业回报。

在美国和欧洲的研究中，研究者使用一系列因素解释移民及其子女不同的教育融入路径：其中，个人因素包括父母社会经济地位、家庭结构、性别等（Feliciano and Rumbaut，2005；Portes，Fernandez-Kelly and Haller，2005；Portes and Rumbaut，2001；Waldinger and Feliciano，2004）；社区和邻居特征，如民族聚居地、邻里剥夺和社区文化资源（Biedinger，Becker and Rohling，2008；Driessen，Sleegers and Smit，2008；Pong and Hao，2007；Zhou，2009）；学校因素包括学校构成和学校隔离等。

总之，与经典融入理论不同，首先，分割融入理论提出移民融入的三种不同融入模式，强调移民并不一定会像经典融入理论预测的那样必然融入中产阶级。其次，分割融入理论不仅考虑移民的个人及家庭特征等外在因素，而且考虑本地的环境阻碍（如政府政策、移民社区和学校隔离）对移民融入的影响。影响移民融入的因素逐渐完整化，涵盖了个人、家庭、社区、社会和政府等多个层面。最后，除关注影响移民进入不同使用模型的因素外，该理论还强调了不同的适应模式在当代移民中出现的原因及这些模式如何必然导致收敛或分歧的命运。

3.1.2.3 教育生产函数理论

对教育生产的研究最早可以追溯到著名的科尔曼报告（Coleman et al，1966）。教育生产函数（Educational Production Function）理论的代表人物 Hanushek 指出，学校的教育生产是在资源有效利用的前提下，学校的投入和产出的结果。其中，教育产出可以用学生的各项发展指标来衡量，而教育的投入则包括学生个人、家庭、同伴、学校和社区的各种因素（Hanushek，1979，1986）。本研究结果显示，教育生产函数可以表示为：

$$A_{it} = f(B_i^{(t)}, P_i^{(t)}, S_i^{(t)}, C_i^{(t)}, I_i) \tag{2}$$

其中，对于学生 i 而言，A_{it} 代表学生的教育产出（如学业成就，升学率，辍学率，认知能力和非认知能力等）；$B_i^{(t)}$ 代表一系列的个人和家庭背景，如性别、年龄、种族、儿童类型、父母受教育水平和收入情况等；$P_i^{(t)}$代表一系列来自同伴的影响，通常用班级或学校学生的平均教育产出或个体特征来衡量（如班级移民比例，班级平均成绩和平均 SES 等）；$S_i^{(t)}$代表来自学校的投入，如班级规模，教师质量等；$C_i^{(t)}$代表社区影响，如社区平均 SES 和社区类型等；I_i代表学生的能力（Hanushek，2010）。

尽管教育的产出可能会因为时间的疏远而逐渐减少，但教育生产函数模型较为有效地描述了教育生产的过程。在随后的研究中，研究者进一步将学生的前期成绩考虑在内，从而将传统的教育生产函数模型发展成为"增值"的版本。几十年来，教育生产函数被大量隐含建立教育资源与学生结果测量之间的研究大量使用（Harris and Sass，2011）。

同时，教育生产函数模型也被用来分析流动人口子女的教育产出（Chen and Feng，2017；Wang, Luo, Zhang et al, 2017）。例如，在分析流动人口家庭子女迁移决策对其学业表现的影响时，Wang 等，（2017）发现就读于农村公办学校留守儿童的数学成绩要比就读于城市私立学校的流动儿童高一个标准差。作者认为，学校设施效应和教师效应都解释了两类学校学生的成绩差距。在对比分别就读于私立学校和公立学校的流动儿童成绩后，Feng 和 Cheng（2017）发现，虽然在农民工学校就读的流动儿童学业表现仍然相对较差，但与本地儿童的成绩差距已经大幅度缩小。这种成绩差异的缩小主要来自学校教育质量的提升。

3.1.2.4 小结

分析影响移民子女教育融入因素有利于为探究流动人口子女教育融入提供理论背景和经验借鉴。通过综述影响移民教育融入的相关理论，本研究发现经典融入理论从个人层面出发，强调移民时间对移民子女教育融入的影响；而分割融入理论则不仅考虑移民个人及家庭的特征，还将迁入地的社会环境（如社区环境和政府政策等）因素考虑在内；教育生产函数理论则认为，移民的教育产出是移民个人、家庭、同伴、学校和社区共同作用的结果。

同样，流动人口子女在流入地的教育融入也可能受到以上因素的影响。首先，流动人口子女在流入地首先可能受到父母的社会结构位置，如父母的受教育水平、职业类型和收入状况的影响。其次，迁移时间的长短也可能是影响流动人口教育融入的重要因素。再次，正如分割融入理论所指出的一样，流动人口子女在流入地的教育融入过程可能也是外在因素（家庭的人力资本、社会资本及家庭结构特征等）和融入障碍（如社区和政府政策等）相互对抗的结果。最后，移民的融入可能还会受到来自同伴效应的影响，因此，影响移民教育融入的相关理论不仅为分析流动人口子女的教育融入提供了分析框架，而且也为进一步探讨流动人口子女在流入地的社会融入奠定了基础。

3.1.3 理论部分总结

理论综述的第一个部分从流动人口家庭迁移决策的视角总结了影响流动儿童迁移理论。其中，新古典经济理论强调个人的收益最大化；实践逻辑理论还强调流动人口的家庭迁移是家庭资本、习惯和场域的共同结果；与新古典经济理论和实际逻辑理论不同，多层次迁移理论进一步将地区等非人为的背景因素（如经济和社会环境等）考虑在内。第一部分的综述为下文分析家庭迁移对流动人口子女认知和非认知能力的影响奠定了基础。

本章的第二部分从流动儿童迁移后的教育融入视角，综述了影响流动儿童在流入地教育融入的因素。经典融入理论强调迁移时间和语言对流动儿童教育融入的影响；除迁移时间和语言的影响，分割融入理论则进一步强调人力资本、社会资本、家庭结构、父母参与及社区因素的影响；虽然与分割融入理论一样强调家庭资本的影响，但是教育生产函数模型则从教育生产的视角出发，将流动儿童的教育融入结果视为个人、家庭、同伴、学校和社区等综合作用的产物。另外，第二部分的综述还为分析流动儿童的教育融入结果现状及教育融入结果的影响因素提供了理论框架。

3.2 实证研究综述

3.2.1 家庭迁移对流动人口子女教育融入结果的影响

3.2.1.1 国际研究

在家庭迁移的已有文献中,父母或其他家庭成员的国际迁移对孩子教育融入的影响并没有得出一致结论。总体而言,不同国家、不同类型的迁移对不同性别孩子教育的影响并不一致。在已有文献中,大多研究集中在父母迁移和子女迁移对子女教育结果的影响,较少有研究分析祖父母迁移对子女教育结果的影响。

在对迁移的研究中发现,父母迁移对子女教育结果的影响尚未得出一致结论。部分研究发现,家庭中父母迁移对子女的学业表现、受教育年限和继续上学的可能具有正面影响(Bai et al, 2016; Chen, Huang, Rozelle et al, 2009; Edwards and Ureta, 2003; Hanson and Woodruff, 2003; Hou, 2015; Lee and Park, 2010; Wen, Su, Li et al, 2015)。例如,使用2000年墨西哥人口和住房普查数据,Hanson和Woodruff(2003)发现父母迁移对子女受教育年限的积极影响。父母的迁移有助于子女受教育年限提升0.7~1.6年,且该作用对女生的作用更为明显。使用墨西哥裔移民在美国的调研数据,Edwars和Ureta(2003)分析了父母迁移对子女辍学风险的影响,研究发现父母外出带来的汇款有助于降低子女的辍学可能。作者认为,父母外出带来的汇款有助于放松家庭预算约束,从而为子女的教育提供更多经济支持。

还有研究分析了父母外出正面影响的两条作用机制:一条是"汇款效应"。父母迁移带来的额外汇款有助于放松预算约束,增加家庭在子女教育方面的投入,从而提升子女的教育表现(Amuedo-Dorantes and Pozo, 2010; Lu, 2012)。家庭收入增加也可能提供更好的营养,改善获得教育用品的机会,减轻家务劳动的负担,从而对儿童的学业成绩产生积极影响(Bai et al, 2016)。另一条则是"大脑获得"效应。

由于迁入地的教育回报相对较高,未来移民的前景会激励移民子女具有更高的教育期望,较高的教育期望又提升了移民子女的教育成就(Beine, Docquier and Rapoport, 2008)。

相反,也有研究发现父母迁移对孩子教育发展的负面作用(Booth, 1995; Giannelli and Mangiavacchi, 2010; Lahaie, Hayes, Piper et al, 2009)。例如,Giannelli 和 Mangiavacchi(2010)发现,父母迁移对阿尔巴尼亚孩子的入学率具有负面影响。使用来自墨西哥的数据,Lahaie 等(2009)发现,家庭配偶的迁移除了会降低孩子的学业表现外,还会为孩子带来更多的行为及情感问题。父母迁移负面影响的作用机制有三:第一,父母移民可能会降低父母对子女的关注和监督,从而导致学业成绩不佳,损害孩子的教育机会或学业成就(Lahaie et al, 2009)。第二,父母缺席导致儿童在家庭中家务和农业活动责任增加,从而占用了子女的学习时间(Chang, Dong and MacPhail, 2011; De Brauw and Mu, 2011; Lee, 2011; Lu, 2012)。第三,父母的缺席可能会对留守儿童的心理健康产生负面影响,从而影响孩子的学业表现和社会适应能力(Hoffman, 2004)。

父母迁移后,移民家庭同样面临是否需要将孩子带入迁入地的决策,由此形成了移民子女的迁移问题。已有研究大多分析的是"迁移"或"留守"决策对孩子教育发展的影响,很少有研究把流动儿童和留守儿童放在同一框架内,分析子女迁移对移民教育发展的影响。分析留守决策对流动人口子女的影响时,大多研究通常将留守儿童和非留守儿童进行对比。研究发现,让子女留守在家能保证子女在当地义务教育的入学机会,同时,家庭承担的子女生活费用和教育费用也相对较低,然而,由于父母陪伴、家长参与和周围社会资本的缺失,加之本地教育和医疗资源相对较差,父母外出可能增加流动人口子女的辍学率(Giannelli and Mangiavacchi, 2010),降低他们的学习积极性(Kandel and Kao, 2001),甚至对其心理健康产生负面影响(Gibson, Stillman, McKenzie et al, 2013)。

然而,分析子女迁移对其自身教育发展的研究仍相对有限,并且得出一致的结论。在为数不多的几个研究中（Coffey，2013；Kandel and Kao，2001；Kusadokoro and Hasegawa，2017；Suryadarma and Resosudarmo，2016；Zuccotti，Ganzeboom and Guveli，2017）。一方面，迁入地充满新环境，拥有更加积极主动的社会标准及更广阔的同伴网络。潜在公共资源（如高质量的学校和老师，更健康的饮食、生活环境和现代化的医疗服务）会对移民子女的教育发展产生积极影响（Xu and Xie，2015）。另一方面，移民子女在迁入地也会面临一系列融入新环境的挑战（如迁入地可能出现一系列的歧视行为），移民子女需因此承担一些风险，教育发展也可能受到影响。例如，在美国的一项研究中，Greenman 和 Xie（2008）发现，西班牙裔和亚裔移民子女虽然有着较高的学业表现，但表现出了更多的心理健康（如自卑和抑郁等）和行为问题（如暴力行为，物质成瘾和早期性行为等）。Kandel 和 Kao（2001）使用墨西哥移民数据分析了不同家庭成员迁移对子女学业表现和教育期望的影响。他们发现从学校毕业前的移民经历对移民子女上大学的教育期望具有正面影响。使用来自印度尼西亚的数据，Suryadarma 和 Resosudarmo（2016）分析了城乡迁移对移民子女人力资本的影响。将区域迁移比例作为移民子女迁移的工具变量后，发现儿童时期的城乡迁移平均提升了移民儿童 4.5 年的教育成就。同样，Zuccotti 等（2017）使用西欧多国数据对比了已迁移到西欧国家的土耳其后裔与未迁移土耳其本国后裔的社会流动情况。结果发现，来自社会弱势群体的土耳其后裔比本国后裔获得了更高的教育成就。

相反，在印度，Coffey（2013）发现，短期季节性迁移对子女教育发展具有负面影响。在控制更多协变量和使用固定效应模型后，Coffey（2013）将流动儿童和留守儿童进行了对比，发现短期季节性迁移对子女上学和学业表现具有负面影响。在最近的一项研究中，Kusadokoro 和 Hasegawa（2017）分析了土耳其移民迁移对子女受教育年限和工作状态的影响，对迁移子女和非迁移子女进行匹配后，发现城乡迁移会导致子女放弃到学校受教育，增加进入劳动市场的可能性。

国外研究中对祖父母迁移的文献相对较少，相关研究大多集中在教育代际传递的研究中，而且研究结论也尚未达成一致（Chan and Boliver, 2013; Erola and Moisio, 2006; Jæger, 2012; Warren and Hauser, 1997）。使用来自美国威斯康星的多期数据，Warren 和 Hauser（1997）分析了祖父母和孙辈社会阶层的相关性。在使用结构方程模型控制父辈的特征后，他们发现，祖父母的受教育程度、职业类型和收入对孙辈的受教育年限和职业类型的影响并不大。另外，Erola 和 Moisio（2006）也发现，祖父母受教育程度对孙辈教育的影响并不显著。相反，Chan 和 Boliver（2013）发现在控制父辈特征后，英国祖父母和孙辈的职业阶层具有显著的正相关关系。Jaeger（2012）发现，在美国，祖父母的受教育程度对孙辈的教育成就具有显著的正向影响，但这种影响相对较小。Jaeger 还发现扩展型家庭有助于弥补低 SES 家庭资源不足的情况，从而有助于促进孙辈教育的发展。

在探讨祖父母对孙辈教育影响的作用机制时，已有研究主要是从汇流模型（The Confluence Model）和家庭资本（The Family Capital）角度进行分析（Ermisch, 2008; Furstenberg, 2011; Heckman, 2006, 2011; McLanahan and Percheski, 2008; Teachman, 1987）。汇流模型认为，孩子的智力水平部分是由家庭中与孩子互动者平均的认知情况决定（Zajonc and Markus, 1975）。根据汇流模型可知，家庭中祖父母，尤其是受教育程度较高的祖父母的出现会提高家庭整体智力环境，从而促进孙辈认知水平的发展。家庭资本理论认为，祖父母可以将自己的经济、文化和社会资本传递给父母辈，而祖父母又可以将这些资本传递给孙辈，从而对孙辈的教育结果产生影响。此外，祖父母可以直接向孙辈传递各种家庭资源（Møllegaard and Jæger, 2015）。例如，祖父母可以为孙辈提供经济资本（如为孙辈储蓄、直接提供物质财富和购买各种学习用品），以辅助其教育的发展。另外，祖父母的经济资本还可以在父母辈失业或生病时缓解家庭的经济压力，从而减轻经济困难对孙辈教育发展的负面影响（Jaeger, 2012）。

与经济资本相同，祖父母的文化资本同样会对孙辈的教育结果产生影响。在扩展家庭中，祖父母通常会花大量时间陪伴孙辈，为孙辈创造激励性的学习环境并带他们参加各类文化活动（如旅游、观看戏剧和其他文化活动等），还有充当典范（包括尊敬、重视教育和工作伦理的传统价值观），从而促进孙辈教育的发展（Stevenson and Stigler, 1994）。与文化资本类似，祖父母的社会资本同样会对孙辈的教育结果产生影响。祖父母可以通过带领阅读和辅导功课提供纪律和监管影响孙辈学业表现（Bengtson, 1975; Chen, Liu and Mair, 2011; King and Elder Jr, 1997）。此外，祖父母还可能与学校的管理者或教师密切联系，从而对孙辈的学校录取产生正面影响（Sandefur, Meier and Campbell, 2006）。

3.2.1.2 国内研究

改革开放初期，中国大陆地区的人口流动主要以单人流动为主。随着时间的推移，人口流动"家庭化"的趋势日益明显，流动人口由最初的单人流动或携配偶流动发展到现在的举家迁移。文献中分析流动人口家庭迁移对子女教育融入的研究也与流动人口迁移模式的发展大致匹配。现有的大多文献主要集中在分析父母迁移对子女教育融入的影响，随着流动人口迁移模式的改变，逐渐有研究者开始关注子女迁移对其自身教育融入的影响，然而鲜有研究关注祖父母迁移对流动人口子女教育融入的影响。

分析中国大陆流动人口家庭迁移对流动人口子女教育融入影响的研究大多集中在父母迁移的影响，然而已有研究中并未涉及父母迁移对子女教育融入影响得出一致结论。一些研究发现父母单方或多方外出务工对留守儿童的学业表现具有积极影响（Bai et al, 2016; Chen et al, 2009; Lee and Park, 2010; Wen et al, 2015）。例如，Bai 等（2016）发现，父母外出务工有助于提升留守儿童英语成绩。该研究与 Lee 和 Park（2010）及 Wen 等（2015）的对国内流动儿童的研究结论一致，即父母移民是留守儿童学业表现的积极预测因素。上述积极影响的可能渠道在于：第一，父母移民带来的汇款收入可以通过减少预算约束，增加对儿童及其教育的投资来提高学业成绩（Amuedo-Dorantes and Pozo, 2010; Lu, 2012）。第二，收入增加也可能提供更好的营养，增加获得学习用品的机会，减轻家务劳动的负担，从而对留守儿童的学业成绩产生积极影响（Bai et al, 2016）。

另外，还有一些研究发现了相反结论，认为父母外出务工对流动儿童的教育发展具有负面影响（Hu, 2013；Hu and Li, 2009；Li, 2013；Wu and Zhang, 2015；Zhang, Behrman, Fan, et al, 2014；Zhao et al, 2014；Zhou, Murphy and Tao, 2014）。如 Zhang 等人（2014）发现，父母双方外出务工会分别降低留守儿童 5.4% 的数学成绩和 5.1% 的语文成绩。Meyerhoefer 和 Chen（2010）的研究发现，父母外出对农村留守儿童的学业表现具有负面影响，尤其对女性留守儿童的影响更大。

在最近的一项研究中，Meng 和 Yamauchi（2017）使用 RUMSC（Rural – Urban Migration Survey in China）分析父母外出时间比例对留守儿童教育和健康的影响。使用气候冲击和村庄距省会距离作为父母外出时间比例的工具变量，他们发现，父母外出时间比对留守儿童的语文成绩和体重具有负面影响。另外，父母外出时间比例越高，留守儿童投入学习活动的时间就越少，成为留级生的可能性则越大。

父母外出负面影响的作用机制也与上文国际研究相似：首先，父母移民可能会降低父母对子女的关注和监督，从而导致学业成绩不佳，损害学业表现（Lahaie et al, 2009）。其次，父母的缺席导致留守儿童的家庭和农业责任增加，影响了留守儿童的教育表现（Chang et al, 2011；De Brauw and Mu, 2011；Lee, 2011；Lu, 2012）。最后，父母的缺席可能会对留守儿童的心理健康产生负面影响，从而对子女的学业表现和社会适应能力产生影响。另外，还有研究发现，父母外出对流动儿童的教育和身体发展并没有显著影响（Hoffman, 2004）。

在为数不多的几个关注子女迁移对其自身教育融入影响的研究（Xu et al, 2016；Xu and Xie, 2015）中，Xu 和 Xie（2015）使用 CFPS（China Family Panel Studies）数据分析了不同家庭迁移类型对流动人口子女教育发展的影响。在分析流动人口子女迁移的影响时，作者将流动人口与留守儿童和非留守儿童进行匹配后发现，子女迁移有助于提升流动儿童的数学成绩，还有助于增加子女在学业上的时间。此外，子女流动有助于提升流动儿童的身高和体重数值，还有助于提升一系列非认知能力，如理解能力、语言流畅度、智力水平和自我表现能力。

使用类似的方法，Xu等（2016）发现子女迁移对流动儿童而言也有一些代价。在将流动儿童和农村非流动儿童进行匹配后，他们发现，子女城乡迁移虽然有助于提升流动儿童的认知能力、学习时间和对学校的归属感，但降低了流动儿童的学业期望和前景乐观程度。Xu等（2016）认为，子女流动的负面影响可能来自教育系统的歧视行为及向上流动希望的渺茫。

虽然流动人口的家庭迁移模式已经由"核心成员"向"扩展成员"转变，但越来越多的流动人口开始携带老人迁移，目前鲜有研究分析祖父母迁移对流动人口子女教育融入的影响（Zeng and Xie，2014）。在仅有的一项研究中，使用2002年的CHIP（Chinese Household Income Project）数据，Zeng和Xie（2014）在检验祖父母对孙辈教育发展的影响时发现，祖父母对孙辈的影响取决于家庭居住安排。当孙辈与祖父母同住时，祖父母的教育水平与孙辈受教育年限呈现出正相关关系，但在祖父母不同住的家庭中则不存在这个关系。此外，他们还发现，与高学历祖父母同住有助于降低孙辈的辍学率。

3.2.2 流动人口子女教育融入结果的影响因素

3.2.2.1 国际研究

分析国际移民教育融入的研究主要集中在解释移民子女与本地子女的教育结果差异。在已有的研究中，移民子女的教育劣势首先被归因于种族因素。一个共识是，来自拉丁美洲的移民（特别是墨西哥裔移民）子女的学业表现比其他群体子女差（Portes and Fernández-Kelly，2008）。相反，亚洲裔移民子女则一直被视为"模范少数民族"（Kao，1995）。在非洲裔移民（黑人）子女里，近期移民黑人子女的要比本地黑人子女的表现更好（Thomas，2009）。同样，在学业表现上，出生在外国的拉丁裔后代要高于本土出生的拉丁裔后代（Matute-

Bianchi, 1991)。虽然已有文献认为移民后裔的教育劣势主要来自较低的 SES 水平和较差的英语能力，但即使控制以上因素，某些种族（如墨西哥裔）移民子女的教育劣势仍然存在（Glick and Hohmann-Marriott, 2007；Reardon and Galindo, 2009）。

移民子女的教育劣势还与移民代际或移民时长有关。通常而言，在拥有不同背景的子女中，第二代移民的学业表现最好，本地子女次之，第一代移民最差（Kao and Tienda, 1995；Portes and Rumbaut, 1990；Rong and Grant, 1992）。与此同时，移民时长对移民的教育结果同样具有重要影响。Chiswick（1978）指出，移民倾向于在最初的几年内进行最大的人力资本投资，但随着时间的增加，移民教育成就的增长速度会逐渐下降（Chiswick, 1978；Chiswick and Miller, 1994）。另外，还有研究指出，移民时的年龄对教育结果的影响同样不可忽视（Schaafsma and Sweetman, 2001）。Schaafsma 和 Sweetman（2001）分析了移民年龄对移民受教育程度后发现，移民的学业成就因选择移民的时间不同而有所差异。平均而言，移民时间越晚，移民的教育成就越低。这是由于移民时的年龄越大，移民在移入地获得的知识和能力积累便越少。

语言能力对移民子女教育融入的影响同样不可忽视。已有研究表明，很少有移民子女能同时熟练掌握多种语言（Colding, Hummelgaard and Husted, 2005；Jakobsen and Smith, 2003）。来自 PISA 的证据表明，许多移民子女的阅读技能要落后于大多数本地子女。例如，使用丹麦的 PISA 数据，Colding 等（2005）发现，50% 的移民子女没有足够的阅读和写作能力来成功完成高中教育。Jakobsen 和 Smith（2003）的研究也发现，丹麦移民子女的语言能力与受教育程度之间存在很强的相关性。他们认为，语言能力上的劣势是导致移民教育劣势的重要原因。此外，有关移民语言能力的另一项研究表明，同时掌握母语和英语有利于移民子女更快地融入当地的社区或组织。这种与社区和机构网络的联系可能成为传递移民父母对儿童教育期望的重要渠道（Golash-Boza, 2005）。此外，尽管一些研究认为移民子女使用母语会影响他们的英语水平，但事实上，熟练掌握母语似乎更有利于维护英语水平，因此，能够流利掌握多种语言的移民子女具有更强的学术优势（Padilla and Gonzalez，2001）。

健康因素同样被视为影响移民子女学业结果的重要因素之一。移民与本地子女的教育结果差异很可能来自二者的健康情况差异。例如，拉丁美洲移民子女的健康状况往往相对较差，而这似乎也影响了他们的教育准备，因而干扰了拉美裔移民子女的学习活动和学校教育（Crosnoe，2006；Padilla，Boardman，Hummer et al，2002）。此外，移民子女与本地子女的健康差异很可能对以下现象提供了解释：随着时间的推移，不同背景的子女在进入学校后逐渐获得教育成功；在入学之初，亚裔子女拥有较好的学业基础，但随着时间的推移，他们会逐渐丧失一部分学业优势。

移民前经历对移民子女教育融入的影响同样不能忽视。在已有文献中，移民的选择性（Selection of Immigrants）被视为移民前经历的重要组成部分（Crosnoe and Turley，2011）。从某种程度上看，影响移民选择迁移的原因可能也会在随后的新环境中成为移民教育优势或劣势的原因（Brandon，2004）。例如，与移民原国家未迁移的人相比，选择移民的父母本身可能就具有更高或更低的教育水平，而这又影响了移民子女的教育结果（Feliciano，2005）。此外，还有研究把移民的教育劣势归因于不同背景子女在早期儿童保育方式和学前教育参与上的差异。虽然儿童保育和学前教育的参与对儿童的学业成就具有重要影响，但即使拥有同样的种族和社会经济状态，新移民的子女往往比第二代移民子女（本国出生）更少的接触学前教育和中心护理，这可能也成为移民教育劣势的另一个新解释（Network，2005）。

家庭环境对移民子女教育融入的影响涉及多个维度，包括家庭资源（父母受教育水平、职业类型和收入的家庭社会经济状态）、家庭结构（如家庭规模和家庭构成）及家庭实践（家庭教育参与和家庭教育方式）。移民子女的教育劣势首先被认为来自较低的家庭社会经济地位。例如，在欧洲裔（葡萄牙、意大利、捷克和苏联）移民子女中，大部分的教育劣势可以被家庭社会经济背景解释（Heath, Rothon and Kilpi, 2008）。另外，研究还发现，移民子女的教育劣势在社会经济背景相似的国家最低。相反，在社会经济背景差异较大的国家（如瑞典、德国等），移民子女的教育劣势则更为明显（Entorf and Minoiu, 2005）。

家庭社会经济地位对移民子女教育融入影响的机制有以下几个方面。第一，受过良好教育的父母可以为子女提供更多、更合格的帮助，训练子女的学习认知和其他类型的技能，从而提高子女在学业成绩方面的表现（Erikson and Jonsson, 1996）。第二，受教育水平较高的父母对教育系统拥有更好的战略知识，这使得他们在教育转型中处于有利地位（Kristen, 2003）。对拥有更多有利资源的家庭而言，为后代提供持续的教育支持要容易得多。相反，在追求有效的教育策略方面，家庭资源处于不利地位的子女要面临更多困难。第三，高社会经济地位的家庭不仅能为子女提供更多的教育资源与专业指导，还能为子女提供更少冲突的家庭环境及更多情感方面的支持（Bradley and Corwyn, 2000; Iruka, Gardner – Neblett, Matthews and Winn, 2014）。

与社会经济地位相似，家庭结构（Family Structure）也被证明与移民的教育融入有着重要关系。通常而言，单亲家庭的平均收入水平较低，且家庭事务由受教育程度较低的父母主导，因而子女的教育表现也相对较差、较低。此外，单亲家庭的子女与父母间联系较少、缺乏适当榜样作用、家庭责任较重，从而表现出更多的情绪与行为问题。这些研究对移民子女同样适用。研究表明，来自完整家庭（双亲家庭）的移民子女始终表现出比来自单亲家庭的移民子女拥有更好的心理状态、更高水平的学业成就和更强的教育期望。来自圣地亚哥和迈阿密移民儿童调查的结果显示，无论种族/民族如何，来自双亲家庭的移民学生在学业表现上超过其他移民学生甚至本地学生，因为完整的家庭环境强化了移民子女努力工作和成就教育的价值观念（Portes and Schauffler, 1994; Rumbaut, 1994）。

父母教育期望（Parental Educational Expectation）对移民教育融入的影响同样不可忽视。Modood（2004）认为，中国和南亚裔移民在英国的教育成功很可能来自父母的雄心壮志和高度权威。Lauglo（1999；2000）也发现，在挪威，由父母教育期望带来的父母监管有助于解释移民家庭较高水平的教育参与。高水平的父母教育期望则被证明有利于：①为子女教育提供更多经济资源从而实现更高的目标（Duncan, Featherman and Duncan, 1972）；②提供成就榜样（Rumberger, 1983）；③鼓励孩子实现具体目标（Cohen, 1987）；④给孩子更多认可和赞扬，从而带来更多高成就行为（Astone and McLanahan, 1991），然而，过高的教育期望也并非一定有利于子女的教育成就。Hao 和 Bonstead - Bruns（1998）的研究发现，虽然移民身份增加了中国和韩国家庭的教育期望，但对墨西哥家庭没有明显的影响。教育期望对子女教育成就的促进作用只出现在中国移民家庭中。相反，在墨西哥裔移民家庭中，教育期望对子女的教育成就甚至表现出了阻碍作用。

同时，一些研究指出父母教育参与（Parental Involvement）差异对移民子女教育融入的影响。另外，还有研究指出，移民父母更少加入家长—教师组织（Stanton - Salazar, 2001），然而，移民父母通常会选择一些不明显，却十分重要的父母教育参与方式。例如，亚洲移民父母通常对孩子的教育期望较高，经常在课后与子女谈论他们的学业进展，并尝试找到更多资源帮助子女学习。另外，参与的方式还包括将子女送到中文学校、参加周末和假期学校、为子女制订未来的学业计划及为子女提供更多教育储蓄等。拉美裔移民父母也有类似的情况。对他们而言，父母参与教育的关键是让年轻人拥有自觉和负责任的态度并努力工作（Fuligni and Yoshikawa, 2004）。

此外，移民的教育融入差异还被认为来自不同的家庭教育方式。家庭是儿童最为主要的生活环境，因此，家庭环境对子女的教育结果具有重要影响（Entwisle, Alexander and Olson, 2005）。研究发现，移民的养育方式虽然符合原有的家庭文化，但并不符合美国的学校要求。例如，Educación 是许多墨西哥裔移民的传统养育方式，即灌输儿童的绝对服从和对权威的尊重。这种传统的养育方式使儿童更加服从来自家庭和学校的权威力量（Arcia, Reyes - Blanes and Vazquez - Montilla,

2000）。同样，中国移民家庭的养育方式强调教师—学徒关系，但这种关系的形成有时也会被视为一种教师的过度控制，而过度控制可能会缩小中国裔移民子女的学业优势。研究发现，中国裔移民子女往往在入学时拥有良好的学业技能，但在毕业时没有获得比其他群体移民子女更高的教育收益率（Chao，2001）。

父母的语言劣势可能也是影响移民教育融入的另一个不利因素（Alba，Handl and Müller，1994；Crul，2000；Van de Werfhorst and Van Tubergen，2007），然而，已有研究并没有得出一致的结论。使用来自荷兰的数据，Van de Werfhorst 和 van Tubergen（2007）发现，父母使用荷兰语和熟悉荷兰教育系统对移民子女的中学考试成绩具有显著的积极影响。Alba 等（1994）的研究也发现，在德国，移民父母较差的德语能力使他们的子女在中学学习中处于不利地位。相反，Wolbers 和 Driessen（1999）的研究结果发现，在控制社会背景之后，没有证据表明在家中使用少数民族语言对移民子女的教育结果具有不利影响（Wolbers and Driessen，1996）。

在移民子女的教育中，学校环境同样起着重要作用。学校环境对移民教育融入的影响既可能是积极的，也可能是消极的。已有研究将学校隔离视为导致不同背景学生教育结果差异的主要原因之一，包括集中在学校隔离，学校中的歧视行为及教师与同伴支持对移民子女教育融入的影响。在对学校隔离的相关研究中，大多研究集中在学校平均社会经济地位对学生成绩的影响。已有研究指出，学校平均 SES 的作用甚至超过了学生家庭背景的影响（Rumberger and Thomas，2000）。当以社会经济地位 SES 为基础的学校隔离出现时，不同的学校在教师质量、人员配比、学校氛围及教师期望等方面也会开始出现差异（Alexander，Fennessey，McDill et al，1979；Alwin and Otto，1977；Rumberger and Willms，1992）。大多数移民子女就读的学校平均 SES 较低，成为影响移民子女学业表现的主要原因（Rumberger，1995）。

同样，以种族或肤色为基础的学校隔离也被视为造成移民教育劣势的重要原因（Roscigno，1998）。在学校种族隔离率最高的拉丁裔移民中，移民子女往往集中在一些"问题学校"。这些"问题学校"通常学生冲突较多，学业规范较弱，班级规模较大，而且学生与成人之间的关系也较弱。尽管这些不利因素可能会带来影响学业成绩的学术风险，但这些风险似乎对移民子女的影响要小于本地子女。值得注意的是，这种学校的劣势模式并未扩展到亚洲裔移民子女身上，这很可能是因为亚洲裔移民家庭的社会经济资源较多，同时，亚洲裔移民子女的"模范少数民族"观念及父母提供的补充教育，为他们离开隔离学校提供了更多机会（Pong and Hao，2007）。

此外，学校中的歧视行为也是移民教育劣势的另一解释。歧视现象的存在可能导致教师在对待不同背景学生的看法、期望、评估或者其他行为上存在差异，而这些差异最终导致了不同教育结果的产生。Macan Ghaill（1989）指出，非洲裔和亚洲裔学生最容易受到教师的刻板印象，亚洲学生被视为社会顺从者，而非洲裔男孩则被认为通常能力较弱，且表现出更多的行为问题。Rangvid（2007）发现，与本地儿童相比，丹麦教师对移民儿童的教育期望更低，而这种教育期望的差异可以解释移民学生与本地学生测试分数相差的20%。与此同时，学校中的歧视行为还可能发生在本地学生与移民学生之间。Verkuyten 和 Thijs（2002）使用荷兰的数据发现，土耳其裔移民学生的教育劣势很可能来自其在学校受到的更多种族主义歧视。

与学校中的歧视现象相反，教师与同伴的支持被认为有利于缩小移民子女与本地子女在教育结果方面的差距。在一项美国研究中，非洲裔移民学生的 GPA 部分可以被教师对学生的积极态度解释（Seyfried，1998）。同样，在印第安人和阿拉斯加裔移民的研究中，教师对学习的积极态度被发现与移民子女小学前3年的认知能力发展呈正相关关系（Marks and Coll，2007）。此外，教师和同伴的支持还被证明有利于降低歧视行为对学业表现的负面影响。在一项针对拉丁裔子女的研究中发现，当学校中教师和同伴更加支持移民子女时，歧视行为对其学业表现的影响则更弱（Gonzalez，Stein，Kiang et al，2014）。

社区平均社会经济地位也被认为是预测移民子女教育结果的重要

指标。由于居住隔离的影响，移民家庭通常居住在低 SES 的社区中。社区 SES 可能通过社会规范和社区教育标准影响移民子女的教育成就。当父母的平均教育水平和职业得分较高时，父母对子女的教育期望也更高。来自学校和社区的态度往往支持子女接受更多教育（Kroneberg，2008）。充分的证据表明，社区 SES 与学生成绩呈显著的正相关关系（Sirin，2005）。在经济情况较差的社区，年轻人可能具有反对主流社会机构（包括学校）在内的意识，而这种反主流的社会意识则被证明与低水平的教育成就有关（Schwartz，Kelly and Duong，2013）。

来自社区的同伴效应同样被用来解释移民子女的教育劣势。拉丁裔和黑人子女通常面临更大的学业失败风险，因为他们更有可能居住在有高犯罪率和多暴力行为及更多偏见和种族歧视的社区。此外，拉丁裔和黑人子女还会受到来自同伴反抗学校教育的压力。另外，研究还发现，移民子女语言能力的发展会受到社区中的同伴影响。由于移民子女住的社区移民集中程度较高，社区成员中掌握流利英语的比例较低。移民子女无法获得充分的语言练习，因此，英语水平也相应较低（Pong and Hao，2007）。例如，拉丁裔移民子女较差的学业表现可能来自社区移民父母较低的教育水平及社区中普遍较低的英语水平（Crosnoe and Fuligni，2012）。

移民社区的同伴效应可能通过为未成年提供监管或指导影响移民子女的教育表现。在移民聚集的社区，移民父母彼此提供子女的监管，共同交换子女的教育信息，甚至提供一种有利的社会控制来促进移民子女的学业表现（Bankston Ⅲ，Caldas and Zhou，1997）。在移民社区中，移民子女与自己享有同样文化的同伴更容易成为朋友。这是由于移民子女与同伴间享有共同的文化和种族链接，因此，更容易形成种族友谊。这种相同种族的友谊被证明对移民子女的学业表现具有正向影响（Portes and Hao，2004；Zhou and Bankston Ⅲ，1998）。

综述国际移民教育问题后发现，移民的教育融入受到多方面因素的影响，这些因素不仅包括个人和家庭，还包括学校和社区因素，然而，国际研究有以下不足：第一，关注认知能力指标的研究较多，而关注非认知指标的研究则相对较少。第二，多数研究在分析个人和家庭影响时并未将学校特征考虑在内，某些学校特征的影响甚至超过家庭特征。例如，有研究指出学校 SES 对学生成绩的影响要超过家庭 SES 的作用（Sirin，2005）。第三，在分析学校特征时，虽然已有研究提出以种族学校隔离和学校社经地位隔离的作用，但对两类学校隔离作用机制的分析仍然较为少见。

3.2.2.2 国内研究

20 世纪 90 年代至 21 世纪初，关注大陆流动人口子女（也称流动儿童或农民工子女）教育融入的文献主要集中在流动人口子女较低的学校入学率方面。从 2003 年起，流动儿童开始逐渐被城市教育接纳，部分流动儿童开始进入城市公办学校就读。此后，国内研究开始关注学校质量对流动人口子女学业表现的影响。与移民子女的国际研究相似，国内研究也发现了流动人口子女在教育结果方面的劣势。研究结果表明，与本地子女相比，流动人口子女存在入学率较低、学习成绩较差和学业成就不高的问题（Hu and Szente，2010；Li et al，2010），此外，研究还发现，流动儿童表现出更多的焦虑、抑郁和其他心理健康问题（Wong，Chang and He，2009）。

影响流动人口子女教育融入的因素主要分为微观层面和宏观层面。在微观层面，已有研究主要关注流动人口子女的个人特征、家庭背景、学校特征和同伴效应对其教育融入的影响。在个人特征方面，已有研究主要集中在分析性别、流入地居住时间、学前教育参与、户口状态和转学情况对流动人口子女教育结果的影响（Chen and Feng，2013；Liu，Holmes and Albright，2015；Wu and Zhang，2015；Zhang，Gong and Yao，2011）。例如，一些研究表明，流入地居住的时间对流动人口子女的教育机会非常重要，迁移时间较短的流动人口子女拥有更低的入学率和数学成绩（Liang and Chen，2007；Liu et al，2015）。除迁移时间外，户口类型也被认为是影响流动人口子女教育融入的重要因素。缺少当地户口是导致流动人口子女入学率低于本地子女的重要原因（Wu and Zhang，2015）。在学校，拥有农村户口的流动儿童处于明显的不利地位,且这种劣势并不会随着时间的推移而发生改变(Wu,2011)。此外,由于父母的频繁迁移,流动儿童的转学率更高,也影响了流动儿童的学业表现(Zhang et al,2011)。

在家庭背景方面,已有研究主要集中在社会经济地位(SES)、家庭结构、社会资本和子女数量对流动儿童教育融入的影响(Guo,2011;Lu,2007;Wu,Palinkas and He,2010)。由于流动儿童大多来自社会经济地位较低的家庭,因此,其学业表现要低于本地儿童。此外,Guo(2011)还发现,与父母受教育水平相比,家庭收入对流动儿童的学业表现影响更大。除家庭社会经济地位外,有的研究分析了家庭结构对流动儿童学业表现的影响。另外,Lu(2007)发现,双亲家庭的流动儿童拥有更高的入学率,其次是单亲家庭和非生理父母家庭。与此同时,一项社会资本研究发现,家庭社会资本与流动儿童孩子的学业表现呈正相关关系。通过亲子互动调解家庭人力资本和经济资本的影响,家庭社会资本间接地影响流动儿童的学业成绩,然而,流动人口家庭的社会资本通常较低也导致了流动人口子女教育劣势的产生(Wu et al,2010)。

第三类现有研究集中在同伴效应对流动儿童教育融入的影响。城市地区同伴的平均学业成绩被发现是流动儿童学业成绩的重要积极预测因素。Li,Han,Zhang等(2014)发现,将流动儿童与成绩优异的本地学生配对,并为他们提供小组学习激励,可以在不影响本地学生成绩的同时提高流动儿童的学业表现。相反,同伴效应也可能负面影响流动儿童的学业表现。由于以户口为基础学校隔离的存在,因此,流动儿童被隔离到排名较低、家庭背景较差和低学业表现的学校。在这些学校中,流动儿童的学业表现更容易受到学校所在社区的朋友、同学和少年犯的负面同伴影响(Xu and Wu,2016)。

最后,在分析流动儿童学业表现的研究中,第四类研究将流动人口子女的教育劣势归因于不同学校特征的影响(Chen et al,2009;Feng and Chen,2012)。由于户口制度的限制,因此,许多流动儿童无法入读城市地区的公立学校,不得不就读于私立或农民工学校,然而,这些学校的教师缺乏教学经验，且受教育水平也低于公立学校教师（Chen and Feng, 2013）。另外，已有研究还发现了学校类型对流动儿童心理健康的影响（Gao et al, 2015; Lu and Zhou, 2012）。Lu 和 Zhou（2012）发现，就读于移民学校流动儿童的心理健康状况低于他们的同龄人。Gao 等（2015）的研究也发现，随着时间的推移，就读于公办学校的流动儿童心理健康会有所改善；然而这种改善并没有发生在就读于移民学校的流动儿童身上。还有研究指出，流动儿童就读学校的质量也是导致其教育结果劣势的重要原因。Feng 和 Cheng（2017）的研究发现，与就读于公立学校的流动儿童相比，虽然在农民工学校就读的流动儿童学业表现仍然相对较差，但与本地儿童得的成绩差距已经大为缩小。这种成绩差异的缩小并非来自个人和家庭特征的改变，而是来自学校教育质量的提升。

与较为丰富的微观层面研究相比，关注流动人口子女教育融入宏观因素的研究则相对有限。已有的研究指出，流动儿童的教育劣势存在较为明显的地区差异。Lu（2007）发现，就读于大城市、沿海和富裕地区的流动儿童学校入学率更低。相反，在小规模城市或中等规模的城市，流动儿童的入学率相对较高。这是因为前者实施了更多限制流动儿童入学机会的措施，而后者则采取相对宽松的教育政策，更愿接纳流动儿童进入本地的学校就读。此外，还有一些研究指出，在城市地区，由于教育政策的限制，流动人口子女无法获得与本地子女同样的受教育机会。例如，在流入地，流动人口子女无法获得与本地子女同样的高中和大学入学机会（Burkhoff, 2015; Wu and Zhang, 2015）。很少有研究涉及以上教育政策对流动人口的教育融入进行评估。

3.2.3 实证研究部分的总结

与理论综述相似，经验综述主要按照家庭迁移视角和迁移后的融入视角对影响流动人口子女教育融入的已有研究进行综述。

第一部分从国际和国内两个视角研究家庭迁移对子女教育融入的影响，发现国际研究中不同国家、不同类型的迁移对不同性别孩子教育结果的影响并不一致。大多研究集中在父母迁移和子女迁移对子女教育结果的影响，且尚未达成一致结论。随着人口迁移数量的上升和人口迁移模式的改变，预计有越来越多的祖父母会跟随家庭其他成员迁入到城市地区，然而，鲜有研究分析祖父母迁移对子女教育结果的影响。

第二部分则从迁移后视角分析流动人口子女教育融入的影响因素。在国际研究中，移民子女的认知和非认知能力融入受到多种因素的影响。其中既包括个人、家庭、同伴和学校等微观因素的影响，也包括城市规模、地理位置、地区经济发展水平和教育政策等宏观层面因素的影响。在国内的研究中，已有研究同样关注流动人口子女的个人特征、家庭背景、学校特征和同伴效应等微观因素对流动人口子女学业表现和入学机会的影响，而对于非认知能力的研究则仍然十分有限。

3.3　本章总结

本章第一部分主要是对流动人口子女教育融入的相关理论的综述。对影响流动人口子女教育融入相关理论的综述可以发现，流动人口子女的教育融入受到个人、家庭、班级、学校和社区等多个维度的影响，单一学科的理论难以为流动人口子女的教育融入提供有力解释。本研究拟结合教育经济学、教育社会学和人口学的相关理论，对流动人口子女的教育结果融入提供更为全面的理论解释。

第二部分主要是对国内外关于流动人口子女教育融入的已有实证研究进行分析。回顾已有文献后可以发现，现有文献大多将流动人口子女的教育融入进程分为迁移前和迁移后，较少有研究将流动人口子女的迁移前和迁移后的教育融入视为一个较为完整的系统。与现有文献不同，本研究将流动人口子女迁移前和迁移后视为一个整体，分别从家庭迁移、班级同伴和学校隔离三个视角分析流动人口子女的教育融入结果。总之，国内外移民家庭迁移对子女的教育融入影响的相关理论和实证文献为本研究提供了经验基础，然而，综述国内外家庭迁移的相关理论和实证文献后可以发现，已有研究仍然存在以下不足，值得后续研究继续探讨。

首先，多数已有研究是基于区域性数据，而非全国性数据，这也在某种程度上影响了已有研究结果的广泛性和代表性。相关研究大多基于一个或几个省（市），且大多数研究使用的数据并没有对数据的抽样方法进行说明，因此，难以描绘中国大陆地区流动人口子女教育融入现状及其影响因素的全貌。

其次，现有研究大多关注流动人口子女学业表现等认知能力指标，而对非认知能力的关注仍然极为有限，然而，非认知能力对个人的长期发展同样重要。研究显示，非认知能力不仅能够影响青少年的教育决策与学业成就，还会对青少年将来的职业选择、工作经验和工资收入产生重要影响。

再次，大多研究对流动人口家庭迁移的影响分析不够全面。多数研究仅分析了流动人口家庭迁移的某个部分（如父母迁移对子女造成的影响等），很少有研究分析子女迁移和祖父母迁移对子女教育融入结果的影响，而且在分析具体迁移类型时，现有研究也未对参照组的选取达成一致。如在分析子女迁移的影响时，有研究选取留守儿童作为参照组，而另一些研究则选取留守儿童和农村非留守儿童作为参照组，然而，后者却难以分离出父母迁移的影响。通过对文献的回顾，本研究选取农村本地儿童作为流动儿童的参照组，评估子女迁移对流动人口子女教育融入结果的净效应。

同时，在分析流动人口子女教育融入的影响因素时，鲜有研究从班级时间探讨流动人口子女同伴对教育融入的影响，基于学校视角探讨学校隔离影响的研究也十分匮乏，然而，自从科尔曼报告开始，大量研究纷纷发现班级和学校构成对学生教育产出的影响甚至超过家庭背景，但目前，很少有研究关注班级和学校构成特征对流动人口子女教育融入的影响。

最后，对流动人口子女教育融入影响因素的机制分析仍然十分有限。分析流动人口子女教育融入时，大多研究仅对影响教育融入的因素进行效应评估，很少有研究对影响流动人口子女教育融入因素的机制进行分析。缺乏机制分析不仅无法深刻理解各因素对流动人口子女教育融入的影响，而且也难以为政府相关部门制定流动人口子女的融入政策提供直接依据。

第 4 章 研究设计

4.1 研究框架

大陆流动人口子女的教育融入是发生在人口迁移下的社会现象。人口内部迁移虽然在国际上有较长时间的历史，但相关成熟的理论并不多见。国内也少有研究探究流动人口子女的教育融入现状，对流动人口子女教育融入影响因素的效应评估更为少见。本研究以已有理论和实证文献为基础，分析流动人口子女教育融入的现状，并分别从家庭、班级和学校视角对影响流动人口子女教育融入的因素进行综合评估。图 4-1 所示为研究框架。

图 4-1 的研究框架由四个研究问题组成。首先，从个人（整体）层面分析流动人口子女的教育融入结果，即认知和非认知能力现状。其次，基于新古典迁移理论、实践逻辑理论和多层次迁移理论，从家庭层面分析不同类型的家庭迁移（父母迁移、子女迁移和祖父母迁移）对流动人口子女教育融入结果的影响。再次，以教育生产函数为基础，着重分析班级层面班级同伴（班级同伴比例）对流动人口子女教育融入结果的影响。最后，以经典融入理论和分割融入理论为基础，从学校层面分析两类学校隔离：社会经济学校隔离和学校户口隔离（城市流动儿童比例和农村流动儿童比例）对流动人口子女教育融入结果的

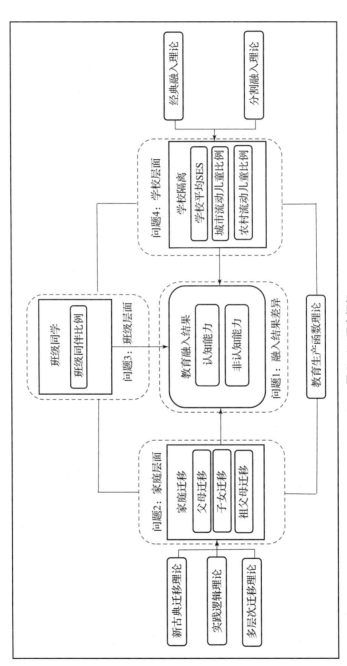

图4-1 研究框架

影响。另外，需要说明的是，图4-1中的虚线框表示不同层面的研究问题，实线框则表示研究问题的理论基础和关注变量，箭头表示理论基础对关注变量及关注变量对因变量的影响。由于流动人口子女教育融入结果受到个人、家庭、班级和学校层面的共同影响，因此，使用实线将各研究问题进行连接可以形成分析流动人口子女教育融入结果的研究框架。

（1）研究问题1：不同类型流动人口子女教育融入结果的现状。

不同流动人口子女的教育融入结果可能存在差异。在分析不同因素对流动人口子女教育融入结果的影响前，需要对不同类型流动人口子女的教育融入结果进行分别分析。

首先，由于地区间经济、教育发展水平及不同群体家庭背景的差异，不同类型的流动人口子女（农村流动儿童和城市流动儿童）与城市本地儿童的认知能力可能存在明显差异。此外，由于不同群体间文化和生活习惯的差异，不同类型的流动人口子女与城市本地儿童在非认知能力上可能同样存在差异。

据此提出 假设1-1：农村流动儿童和城市流动儿童与城市本地儿童在认知和非认知能力上的差异并不相同。

其次，省内流动儿童与省际流动儿童的父母不仅在迁移目的和迁移期限上有所不同，而且在受教育程度和职业类型上同样存在差异。例如，与省内流动人口不同，省际流动人口多以经济活动为首要目的，且多以短期迁移为主，工作多集中在第二和第三产业中（马红旗，陈仲常，2012）。由于迁移目的、迁移时间和家庭背景的差异，因此，不同来源的流动人口子女（省内流动儿童和省际流动儿童）在认知和非认知能力的融入上可能并不相同。

据此提出 假设1-2：省内流动儿童和省际流动儿童与城市本地儿童在认知和非认知能力上的差异并不相同。

最后，与国际移民类似，流动人口子女同样存在较强的选择性特质，不同代际流动人口子女的家庭背景可能并不相同，加之不同代际流动人口子女在享受迁移后城市较高质量公共服务（如教育和医疗卫生等）的时间长短有别，不同代际流动人口子女的认知能力可能存在差异。此外，由于迁入时间不同，因此，不同代际的流动人口子女迁移前后往往拥有不同的生活与成长经历，由此形成的非认知能力同样可能存在差异。

据此提出 假设1-3：1.25代、1.5代、1.75代和2代流动儿童与城市本地儿童在认知和非认知能力上的差异并不相同。

（2）研究问题2：家庭迁移与流动人口子女教育融入结果的关系。

新古典迁移理论、实践逻辑理论和多层次迁移理论将迁移决策视为个人、家庭和地区综合作用的结果。同样，不同家庭成员迁移对流动人口教育融入结果的影响同样可以被视为个人、家庭和地区因素共同作用的结果；不同类型的家庭迁移（父母迁移、子女迁移、祖父母迁移和家庭全体迁移）对不同流动人口子女教育融入的影响需要分别进行探讨。

第一，父母迁移带来的汇款有助于放宽家庭预算约束，由此带来的汇款效应可以为留守儿童的教育提供更多物质和经济资源，因此，父母迁移有助于留守儿童认知能力的提升（Amuedo-Dorantes and Pozo，2010；Lu，2012；Bai et al，2016）。与此同时，父母迁移同样带来了留守儿童与父母间的亲子分离（Gao et al，2010）。由于缺少父母的陪伴，留守儿童表现出更多的心理健康和社会适应问题（Giannelli and Mangiavacchi，2010；Lahaie et al，2009），因此，父母迁移对留守儿童的非认知能力具有负面影响。

据此提出 假设2-1：父母迁移有助于提升留守儿童的认知能力，但对非认知能力具有负面影响。

第二，由于流入地的学校和教师质量通常优于流出地，生活和医疗条件也优于后者（Xu and Xie，2015；Xu et al，2018），因此，子女迁移通常能够促进流动儿童的学业表现的提升，然而，迁移通常意味着原有生活环境的改变，加之流动儿童在流入地可能面临排斥或歧视行为（Lu and Zhou，2013），因此会产生更多的心理压力与焦虑问题（Cheng，Wang and Wang，2009；Xiong，2015）。故子女迁移可能并不利于流动儿童的非认知能力。

据此提出　假设2-2：子女迁移有助于提升流动儿童的认知能力，但对非认知能力具有负面影响。

第三，虽然流动人口家庭中祖父母受教育和职业水平相对较低（Zeng and Xie，2014；Zhou et al，2014），难以为流动儿童的教育提供所需的额外资本，但祖父母迁移可以将流动儿童从家务劳动中解放出来，将更多时间投入学习活动中（Buchmann and Hannum，2001），从而促进流动儿童认知能力的发展。与此同时，虽然祖父母可以为流动儿童提供监管与陪伴，但由于与孙代间巨大习性差异的存在（Ye and Lu，2011；Zhang, Bécares, Chandola et al，2015），因此，难以与流动儿童建立有效联系，进而也难以为流动儿童的非认知能力提供有力支持。

据此提出　假设2-3：祖父母迁移有助于提升流动儿童的认知能力，但对非认知能力的影响并不明显。

第四，对流动儿童而言，家庭迁移带来了更高质量的教育和生活，如更优秀的学校与老师，营养更丰富的环境等（Xu and Xie，2015；Xu et al，2018），这些都有利于促进流动儿童认知能力的发展。此外，虽然可能会遇到一些挑战，但向城市地区的家庭迁移本身可以使流动儿童接触到城市生活的崭新环境，更多的新思想，更宽松的社会规范，扩大的社会网络及更广阔的潜在资源（Luke et al，2012；Xu and Xie，2015），而这些则有利于缩小流动人口子女与城市本地儿童在非认知能力上的差距。

据此提出　假设2-4：家庭整体迁移有利于缩小流动人口子女与城市本地儿童在认知和非认知能力方面的差距。

（3）研究问题3：同伴影响与流动人口子女教育融入结果的关系。

教育生产函数理论指出，同伴是影响个人教育产出的重要指标，然而，已有研究中并未对流动人口子女的同伴影响得出一致的结论。流动人口子女同伴可能负面或正面影响流动人口子女的教育融入结果。一方面，班级同质性可能对流动人口子女的教育融入结果具有负面影响。班级中流动儿童比例较高时可能会妨碍课题学习，迫使教师使用更为传统的教学方法，降低了课堂授课效率，也阻碍了流动人口子女认知能力的融入（Hu，2019）。此外，接触到过多流动儿童还可能阻碍流动儿童与本地儿童的互动，从而负面影响流动人口子女的非认知能力。

据此提出　假设3-1：班级流动儿童比例越高，流动人口子女认知能力越差。

假设3-2：班级流动儿童比例越高，流动人口子女非认知能力越差。

另一方面，班级同质性同样可能促进流动人口子女教育融入结果的提升。班级中流动儿童的比例较高时，学校和教师更容易识别流动人口子女在学习上的特殊需求，从而根据流动人口子女的需要调整教学方法（Schneeweis，2015），以促进流动人口子女认知能力的融入。还有，不同背景的流动人口子女被编入同样的班级，可能有助于不同流动人口子女间的交流与互动，共同克服可能面临的排斥或歧视问题，从而促进非认知能力的提升。

据此提出　假设3-3：班级流动儿童比例越高，流动人口子女认知能力越好。

假设3-4：班级流动儿童比例越高，流动人口子女非认知能力越好。

（4）研究问题4：学校隔离与流动人口子女教育融入结果的关系。

与经典融入理论强调移民融入的必然结果不同，分割融入理论提出移民的融入并不一定会实现。分割融入理论认为，融入的实现与否要取决于移民的个人家庭情况及迁入地的环境（如政府政策）等。在中国大陆，不同群体间巨大社经地位的差异及流入地政府的户籍政策影响产生了两种类型的学校隔离：学校社经地位隔离和学校户口隔离。虽然两种学校隔离可能彼此相关，但对流动人口子女的教育融入的影响可能并不相同。

社经地位隔离对流动人口子女教育融入结果的一个重要影响是限

制了流动人口子女进入平均 SES 高的学校。学校平均 SES 又常与学校资源挂钩，就读于高 SES 的学校能让流动人口子女接触更丰富的学校资源（如更高的教学质量、更高质量的教师和更充足的生均经费），而这些学校资源指标则被证明正向预测学生的学业和认知发展（Betts, Rueben and Danenberg, 2000）。与之对应的，就读于高 SES 的学校还可以让流动人口子女接触到更高质量的同伴。高质量同伴可以起到模范作用，通过彼此的互动，为流动人口子女传递更多正面社会标准、教育价值和人际技巧（Hanushek, Kain, Markman et al, 2003; Engberg and Wolniak, 2010; Kahlenberg, 2001），从而促进流动人口子女非认知能力的提升。

据此提出　假设 4-1：学校平均 SES 对流动人口子女的认知能力具有正面影响。

假设 4-2：学校平均 SES 对流动人口子女的非认知能力具有正面影响。

此外，由于户籍制度的限制，大部分流动人口子女不得不就读于基础设施较差和师资质量薄弱的私立或打工子弟学校，另一部分流动人口子女虽能进入公办学校，但也只能进入当地质量较差的公办学校（Chen and Feng, 2017; Lu and Zhou, 2012）。在这些低质量学校就读时，流动人口子女不仅难以接触到优质的师资和教育资源，而且更有可能受到身边同伴的负面影响，从而阻碍其认知和非认知能力的融入。

据此提出　假设 4-3：学校城市流动儿童比例和农村流动儿童比例对流动人口子女的认知能力具有负面影响。

假设 4-4：学校城市流动儿童比例和农村流动儿童比例对流动人口子女的非认知能力具有负面影响。

4.2　研究数据

4.2.1　数据来源

本研究使用的数据来自中国人民大学中国调查与数据中心设计与

实施的中国教育追踪调查（China Education Panel Survey，CEPS）的公开数据。CEPS是迄今为止中国大陆最有影响力的教育追踪调查项目之一，旨在揭示中国大陆家庭、学校、社区及宏观社会结构对个人教育产出的影响。CEPS以2013—2014新学年为基线，以初中一年级（7年级）和三年级（9年级）两个同期群体为调查起点。目前，已完成2013—2014年基期调研和2014—2015年的追逐调查。本研究使用2013—2014年基期数据。①

中国教育追逐调查（CEPS）采用多阶段的概率与规模等比例（Probability Proportionate to Size Sampling，简称PPS）的抽样方法。CEPS抽样的四个阶段见表4-1。第一阶段以中国大陆境内的县（区）级行政单位为初级抽样单位（Primary Sample Unit，PSU），根据2010年全国第六次人口普查数据将大陆境内31个省、自治区、直辖市（不含港澳台）2 870个有常住人口的县（区）级行政单位分成3个抽样框，抽取28个县（区）。第二阶段以学校为二级抽样单位（Second Sample Unit，SSU）。根据入样县（区）教育部门收集当年最新统计的学校名单、学校类型和学校规模等基础资料，采用概率与等比例的抽样方法从每个入样县（区）抽取4所学校。第三阶段以班级作为三级抽样单位（Third Sample Unit，TSU），在入样学校被调查的年级中抽取班级，具体方法为若入样学校被调查年级只有1或2个班则全部入样，若有3个以上班级，则使用班级抽样页中的随机数表抽取2个班级。第四阶段，完成第三阶段的班级抽样后，入样班级的所有学生、家长、班主任、主科目任课教师和校长全部纳入最终调查样本。在2013—2014年的基线调查中有112所学校、438个班级进入样本，基期总样本包括近2万名学生。

---

① 由于测试原因，CEPS 2014—2015年的追踪数据目前仅公布了7年级学生的追踪数据（约9 900人）。为满足样本量和下文研究方法中学校×年级固定效应模型的使用，本研究仅使用CEPS 2013—2014年的基线调查。

表 4-1　CEPS 抽样的四个阶段

抽样阶段	抽样单元
第一阶段（PSU）	在中国大陆境内县（区）级行政单位中抽取 28 个县（区）
第二阶段（SSU）	在入样县（区）中分别抽取 4 所开设 7 年级和 9 年级的学校
第三阶段（TSU）	在每所入样学校中分别抽取 2 个 7 年级班和 2 个 9 年级班
第四阶段	入样班级所有学生全部入样

4.2.2　变量选择

本研究主要探讨流动人口子女教育融入结果的现状及家庭迁移、同伴影响和学校隔离对流动人口子女教育融入的影响，因此，被解释变量和解释变量主要围绕不同背景儿童的认知和非认知能力，即教育融入结果。其中，本研究使用的认知能力测量指标主要包括：数学期中测试成绩、语文期中测试成绩、英语期中测试成绩[①]及全国性的认知能力测试得分[②]。

非认知能力[③]包括：心理健康、集体融入、人际关系和社交活动的

[①] 数学、语文和英语三科期中测试成绩来自学校官方记录。使用学校期中考试成绩作为因变量的一个潜在威胁是，期中考试试题在不同学校和地区之间并不相同，然而，该问题并没有对本研究的结果造成严重威胁。首先，中国大陆教育部实施了全国性的课程和考试标准，因此，期中成绩在某种程度上是可比的。其次，本研究使用的固定效应模型可以确保模型中对比的是来自同一学校的学生。同一学校采用的考试试题相同，因此，具有可比性（Hu，2015）。最后，本研究还使用 CEPS 中全国性同一的认知能力测试成绩作为认知能力的另一衡量指标。已有文献中也有使用 CEPS 中数学、语文和英语成绩作为关注的因变量，例如 Wang（2018）等和 Hu（2018）等。

[②] 认知能力主要包括语言、阅读、写作和计算及逻辑能力（Farkas，2003）。CEPS 中的认知能力测试主要衡量学生的语言（词组类比，语言文字推理），图形（图形规律分析、折纸和几何图形引用）及计算与逻辑（数学引用、自定义运算规则、数列应用、抽象规律分析、概率、数值大小逆向思维）能力。本研究使用的认知能力测试得分为标准化后的认知能力测试总分。

[③] 非认知能力（Non-cognitive ability），也称非认知技能（Non-cognitive Skill）或软技能（Soft Skill），是指不属于认知能力范畴的那部分能力（Levin，2012；2013）。由于非认知能力的概念是根据认知能力提出的，因此，目前学界还未对非认知能力的内容及测量方法得出一致意见。心理学领域主要使用人格特征测量非认知能力，如五大人格测量方法等。在经济学和教育学领域，对非认知领域的研究仍然相对滞后。在借鉴已有文献的基础上，本研究从四个方面测量非认知能力：借鉴 Guo 等（2018）；Jia，Li 和 Fang（2018）；Li 和 Jiang（2018）的方法使用 CEPS 基线调中的心理和交往变量测量学生的心理健康和社会交往。此外，本研究还使用与吴愈晓和黄超（2016）及 Guo 等（2018）同样的方法，用 CEPS 基线数据测量学生的集体融入和社会关系。

因子得分。核心自变量包括：家庭迁移、同伴影响和学校隔离。控制变量包括个人特征、家庭特征、学校特征和宏观特征等。具体的变量名称与说明见表4-2所示：

表4-2 变量名称与说明

因变量		
认知能力	数学期中考试成绩	学校提供的秋季数学期中考试得分
	语文期中考试成绩	学校提供的秋季语文期中考试得分
	英语期中考试成绩	学校提供的秋季英语期中考试得分
	认知测试得分	标准化语言、图像和计算与逻辑测试总分
非认知能力	心理健康	因子得分，来自在过去七天内感到"沮丧""抑郁""不快乐""生活没有意思"和"悲伤"的频率（从不=1，很少=2，有事=3，经常=4，总是=5）
	集体融入	因子得分，来自是否喜欢"班主任""教师"和"同学"（一点都不喜欢=1，不太喜欢=2，比较喜欢=3，很喜欢=4）
	人际关系	因子得分，来自对"班级大多数同学对我很友好"和"我认为自己很容易与人相处"的认同情况（完全不同意=1，不同意=2，同意=3，完全同意=4）
	社交活动	因子得分，来自与同学"参观博物馆、动物园、科技馆等"和"外出看电影、演出、体育比赛等"的频率（1=从未，2=每年一次，3=每半年一次，4=每月一次，5=每个月一次以上）

续表

自变量		
个人特征	性别	男生 = 1，女生 = 0
	年龄	连续变量，单位（年）
	民族	汉族 = 1，少数民族 = 0
	前期认知能力	由学生自评六年级时语文、数学和英语三科学习吃力情况的平均分衡量（1 = 特别吃力，2 = 有点吃力，3 = 不是很吃力，4 = 一点都不吃力）
	前期非认知能力	由学生自评六年级时"能清楚表达自己意见""反应能力很迅速""很快学习新知识"和"对新事物很好奇"四个变量的平均分衡量（1 = 完全不同意，2 = 不太同意，3 = 比较同意，4 = 完全同意）
	儿童类型	1. 不同来源：农村本地儿童、农村留守儿童、农村流动儿童、城市流动儿童和城市本地儿童（是 = 1，否 = 0） 2. 不同地区：省内流动儿童、省际流动儿童和城市本地儿童（是 = 1，否 = 0） 3. 不同代际：1.25 代、1.5 代、1.75 代，2 代流动儿童与城市本地儿童（是 = 1，否 = 0）
家庭特征	家庭迁移	1. 父母迁移：迁移 = 1，否 = 0 2. 儿童迁移：迁移 = 1，否 = 0 3. 祖父母迁移：迁移 = 1，否 = 0

续表

自变量		
家庭特征	家庭 SES	1. 父亲受教育年限，单位（年） 2. 母亲受教育年限，单位（年） 3. 父亲职业水平（1 = 无业、失业和下岗，2 = 农民，3 = 个体户，4 = 商业与服务业一般职工，5 = 生产与制造业一般职工，6 = 技术工人和司机，7 = 教师、工程师、医生、律师，8 = 企业/公司中高级管理人员，9 = 国家机关事业单位领导与工作人员） 4. 母亲职业水平（1 = 无业、失业和下岗，2 = 农民，3 = 个体户，4 = 商业与服务业一般职工，5 = 生产与制造业一般职工，6 = 技术工人和司机，7 = 教师、工程师、医生、律师，8 = 企业/公司中高级管理人员，9 = 国家机关事业单位领导与工作人员） 5. 家庭经济条件（1 = 非常困难，2 = 比较困难，3 = 中等，4 = 比较富裕，5 = 很富裕）
	社会资本	功能性： 1. 父母参与 包括家庭沟通和家庭督导，前者来自父母与孩子谈论"学校发生的事""与朋友关系""与教师关系""孩子心情"和"孩子烦恼"的情况（1 = 从不，2 = 偶尔，3 = 经常）；后者来自家长"检查孩子作业"和"指导孩子功课"的情况（1 = 从未，2 = 1 ~ 2 天，3 = 3 ~ 4 天，4 = 几乎每天） 2. 教育期望 连续变量，父母期望子女受教育年限，单位（年）

续表

自变量		
家庭特征	社会资本	结构性 1. 代际闭合 包括家长"与教师沟通"和"认识其他家长数量",前者包括这学期以来"家长主动联系老师"和"老师主动联系家长"的情况(1=从来没有,2=1次,3=2~3次,4=5次及以上);后者由父母"认识子女朋友的家长数量"衡量(0=不认识,1=认识一部分,2=全都认识) 2. 家庭结构 包括兄弟姐妹数量,单位(个);父亲同住(不同住=0,同住=1);母亲同住(不同住=0,同住=1);祖父母同住(不同住=0,同住=1)
	文化资本	书籍数量(很少=1,比较少=2,中等=3,比较多=4,很多=5)
班级特征	班级同伴比例	剔除当前个体后,班级流动儿童占班级总人数比例
	班级规模	班级人数,单位(人)
	班级排名	最低=1,中下=2,中等=3,中上=4,最高=5
	班主任教龄	单位(年)
	班主任学历	专科及以下=0,本科以及上=1
	班主任职称	非高级教师=0,高级教师=1
	班级同伴背景特征	1. 班级流动儿童父亲平均受教育水平 2. 班级流动儿童母亲平均受教育水平 3. 班级流动儿童平均家庭经济情况

续表

自变量		
班级特征	学习氛围	1. 班级正面氛围，包括"同学友好""氛围良好"和"班级活动积极参与"（1 = 完全不同意，2 = 比较不同意，3 = 比较同意，4 = 完全同意） 2. 班级负面氛围，包括"同学迟到""逃学"和"希望转学"（1 = 完全不同意，2 = 比较不同意，3 = 比较同意，4 = 完全同意）
	同伴互动	1. 与农村流动儿童"共同学习""共同玩耍"和"交朋友"的状况（1 = 会，0 = 不会） 2. 与城市流动儿童"共同学习""共同玩耍"和"交朋友"的状况（1 = 会，0 = 不会）
	教学方法	班级数学、语文和英语老师课堂教学方法，包括"课堂提问""表扬学生""授课""小组讨论""课堂互动""使用多媒体""使用因特网"和"使用画图/模型/海报"的情况（1 = 从不，2 = 偶尔，3 = 有事，4 = 经常，5 = 总是）
学校特征	学校平均SES	剔除当前个体后，学校学生平均家庭SES①
	城市流动儿童比例	剔除当前个体后，学校城市流动儿童占学校总人数比例
	农村流动儿童比例	剔除当前个体后，学校城市流动儿童占学校总人数比例
	学校资源及结构	1. 生师比 2. 学校性质（私立学校 = 0，公办学校 = 1） 3. 学校排名（最低 = 1，中下 = 2，中等 = 3，中上 = 4，最高 = 5） 4. 学校位置（0 = 非市区，1 = 市区）

---

① 学校平均SES来自对学生家庭SES的计算，学生家庭SES则是5个变量的因子得分，包括父亲受教育年限、母亲受教育年限、父亲职业类型、母亲职业类型和家庭收入情况。

续表

自变量		
学校特征	学校实践	1. 教学氛围 教师对孩子负责、教师对孩子有耐心、重视教学方法和重视关注学生 （完全不符合=1，不太符合=2，比较符合=3，完全符合=4） 2. 学习氛围 学生经常逃学、学校纪律混乱、学校比较拥挤和教师流动频繁（完全不符合=1，不太符合=2，比较符合=3，完全符合=4）
	学校同伴	1. 个人同伴影响 正面影响：同伴学习成绩优良、学习努力刻苦和想上大学（没有这样的=1，1~2个这样的=2，很多这样的=3） 负面影响：同伴逃课、旷课和逃学，违反校纪被处罚和退学（没有这样的=1，1~2个这样的=2，很多这样的=3） 2. 学校同伴影响 平均同伴正面行为：学校平均个人同伴正面影响因子得分 平均同伴负面行为：学校平均个人同伴负面影响因子得分
地区特征	地区平均受教育水平	所属县（区）平均受教育年限，单位（年）
	地区行政级别	学校所在地区行政级别（地级市和县级市=0，省会及直辖市=1）
	地理位置	学校所在地理位置（西部=1，中部=2，东部=3）

4.3 具体设计

4.3.1 家庭迁移对流动人口子女教育融入结果的影响

分析迁移活动对流动人口子女教育融入的影响，需要确立二者之间一定的因果关系，然而，由于内生性问题的存在，因此，估计家庭迁移对流动人口子女教育融入的因果效应是极为困难的。内生性问题主要来自变量的混淆或遗漏变量导致的自选择效应。

在分析家庭迁移对子女受教育状况的文献中，变量的混淆表现为拥有更多经济或社会资本的家庭更容易克服流入地的组织性障碍，如更容易获得当地户口或让孩子就读于本地质量较高的公办院校，因此，流动人口子女的教育融入既可能来自家庭迁移，也可能来自流动人口子女本身较高的家庭资本情况。遗漏变量导致的自选择同样会引起双向因果问题的产生，如流动人口家庭可能更倾向于选择本身能力较好（或较差）的子女迁移，流动人口子女可观测的教育融入结果既可能来自家庭迁移，也可能来自父母的子女迁移选择。在已有文献中，研究者主要采用工具变量（IV）（Hu, 2012; Zhao Q et al, 2014）或倾向得分匹配（PSM）（Chen, Huang, Rozelle et al, 2014; Xu, Wu, Zhang and Dronkers, 2018; Xu and Xie, 2015）的方法处理家庭迁移的内生性问题。本研究中主要采取 PSM 的方法对家庭迁移的内生性问题进行处理。

倾向得分匹配（PSM）的基本思想是对于处理组的个体，在控制组中寻找特征相似的控制组个体与其相匹配，从而用控制组个体的结果来估计处理组个体的反事实结果。具体到分析家庭迁移对流动人口子女教育融入的影响，其思路在于根据家庭迁移的影响因素，为每位迁移的流动人口子女找到一位与他（她）的禀赋特征相符的未迁移流动人口子女进行配对，然后根据其相同的禀赋特征得分对比迁移和未迁移流动人口子女的教育融入结果，从而得到不同类型家庭迁移对流动人口子女教育融入的影响。

$$ATT = E(Y_i^T - Y_i^C | D_i = 1) = E(Y_i^T | D_i = 1) - E(Y_i^C | D_i = 0) \quad (1)$$

其中，ATT 表示不同家庭迁移（父母迁移，子女迁移和祖父母迁移）的平均处理效应，即反事实效应。如 Y_i^T 表示子女 i 迁移前的认知或非认知能力，Y_i^C 表示子女 i 迁移后的认知或非认知能力。$D_i = 1$ 表示子女 i 迁移，$D_i = 0$ 表示子女 i 未迁移。

然而，使用 PSM 方法需要满足两个假设：条件独立假设（Conditional Independent Assumption，CIA）和共同支持假设（Common Support Assumption，CSA）。公式（1）给出了 CIA 的数学表达。公式（1）表示，在给定控制变量 X（如个人特征，家庭特征和地域特征等）时，Y_i^C 独立于 D。换言之，在控制一些影响家庭迁移的可观测变量后，家庭迁移本身不会影响到处理组和控制组在接受处理（家庭迁移）前后的均值结果。CSA 是指在对于 X 的任何可能取值，都有 $0 < Pr(X) < 1$。即在相同匹配的分水平下，处理组与控制组存在同时的重叠区域，因此，为满足 CSA，家庭迁移的概率需要介于 0 和 1 之间。

$$E(Y_i^C | X, D_i = 1) = E(Y_i^C | X, D_i = 0) = E(Y_i^C | X) \quad (2)$$

则平均处理效应 ATT 可表示为：

$$ATT = E[Y^T | D = 1, Pr(D = 1 | X)] - E[Y^C | D = 0, Pr(D = 0 | X)] \quad (3)$$

其中，$Pr(D = 1 | X)$ 表示在控制变量 X 一致情况下家庭迁移的概率。

使用 PSM 包括 5 个步骤：①选择协变量。尽可能将影响的变量包括进来，保证可忽略性假设得到满足。②估计倾向得分。使用 Probit 模型估计不同家庭迁移的倾向得分。③选择匹配方法进行匹配。使用得到的倾向得分选择不同的匹配方法进行匹配。④检验共同支撑假设。采用画图方法考察处理组与控制组共同倾向得分分布状况。⑤检验匹配效果。使用 T 检验考察处理组与控制组的协变量是否存在差异。

具体到分析不同类型家庭迁移对流动人口子女教育融入结果的影响。图 4-2 所示为不同迁移家庭的迁移类型比较，给出了中国大陆地区流动人口家庭迁移的三个阶段：父母迁移、子女迁移和祖父母迁移。如图 4-2 所示，本研究首先对农村留守儿童和农村本地儿童进行对比，从而得出父母迁移对儿童造成的影响的结论。其次，通过对比祖父母不同住的流动儿童和农村本地儿童，本研究得出子女迁移的影响。再次，为进一步分析祖父母迁移的影响，本研究将祖父母迁移（祖父母同住）的流动儿童和祖父母没有迁移（祖父母不同住）的流动儿童进行对比。

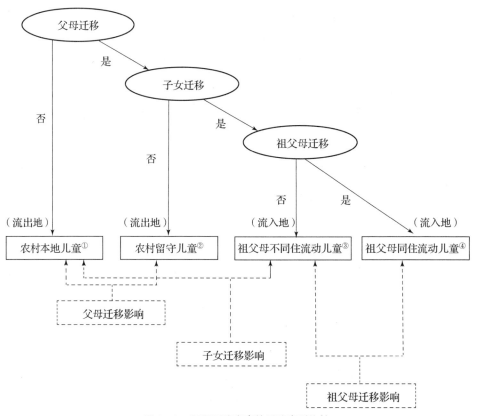

图 4-2　不同迁移家庭的迁移类型比较

注：①农村本地儿童指持有农业户口，户口登记地与所在地相符且父母均未外出的儿童；②农村留守儿童指持有农业户口，户口登记地与所在地相符且父母至少有一方外出的儿童；③祖父母不同住流动儿童指持有农业户口，户口登记地与所在地不相符且不与祖父母同住的儿童；④祖父母同住流动儿童指持有农业户口，户口登记地与所在地不相符且与祖父母同住的儿童。

此外，为分析家庭迁移对流动人口子女教育融入结果的影响，本研究还将祖父母同住的流动儿童与城市本地儿童进行对比，从而进一步证实家庭整体迁移是否有助于缩小流动人口子女与本地人口子女在认知和非认知能力上的差异，即实现教育融入。

进行匹配的协变量主要包括个人、家庭和地区性特征。其中，个人特征包括性别、年龄和前期认知与非认知能力；家庭特征包含父母受教育年限、父母职业类型、家庭收入情况、父母参与、代际闭合、家庭结构、书籍数量和家庭教育期望；地区性特征则包括地区平均受教育年限、地区地理位置和地区所在行政区级别。

4.3.2 班级同伴对流动人口子女教育融入结果的影响

教育生产过程是教育经济学研究的核心问题之一。作为教育生产过程的重要组成部分，同伴效应也引起了研究者的广泛关注。对同伴效应的研究最早可以追溯到1966年的《科尔曼报告》。这份报告指出，学校投入并非影响学生学业表现的最主要因素，影响学生学业表现的最主要因素是学生的家庭背景，其次便是同伴效应（Coleman et al，1966）。近年来，随着研究方法的不断发展和微观数据的逐渐丰富，教育研究者对教育生产过程的了解不断深入。后续研究也指出，同伴效应同教师质量、班级规模和父母参与等因素一样也是影响学生学业表现的重要因素（Hanushek, Kain and Rivkin, 2009）。

本文的目的是估计班级中流动儿童同伴对学生成绩的影响效应。如果学生在不同的班级中是随机分布的，那么可以使用传统OLS方法估计以下模型获得流动儿童同伴效应影响的无偏估计：

$$Y_{icgs} = \alpha + \beta MS_{cgs} + \gamma X_{icgs} + e_{icgs} \tag{4}$$

其中，Y_{icgs}表示s学校中g年级c班学生i的认知和非认知能力；MS_{cgs}是核心解释变量，为班级中流动儿童比例；X_{icgs}是一系列个人特征（如性别、年龄、种族、户籍、前期认知和非认知能力）和家庭特征（如父母受教育水平、家庭收入、兄弟姐妹情况和家长书籍情况）。

然而，使用公式（4）估计流动人口子女的同伴效应可能会面临一系列挑战。其中，最主要的挑战包括选择性偏误、关联效应、控制背景效应和反射问题（Manski, 1993；Mora and Oreopoulos, 2011）。首先，由于不同成绩的流动儿童在不同的班级和学校之间并不是随机分配的，而是家长学生选择性的结果，如学生和家长可能选择流动儿童比例较高或较低的班级就读。其次，班级中不同的流动儿童比例还有可能是来自学校选择性的录取政策。许多没有当地户口的流动儿童被排除在当地公立学校之外，不得不入读成本较低、质量较低的移民或私立学校（Wang et al, 2018），这样就产生了选择性偏误（Selection Bias）。

为处理选择性偏误，本研究使用探索随机分班和固定效应模型（Fixed Effects Model）对流动儿童同伴效应的影响进行估计。学生随机分配来自 CEPS 中详尽的分班信息，而且校领导和班主任都被分别问到所在学校/班级的分班信息。使用以上分班信息，本研究首先将样本限定在校长问卷中新生随机或平均分配的班级。

此外，本研究还在模型中加入学校×年级固定效应，用来控制无法观测的但不随时间而改变的学校与年级特征影响（如录取政策等）。①

$$e_{icgs} = \mu_{gs} + \varepsilon_{icgs} \quad (5)$$

其中，μ_{gs} 为学校×年级固定效应，用来控制不随时间而改变的学校与年级特征影响；ε_{icgs} 为误差项。由此，公式（4）可以扩展为：

$$Y_{icgs} = \alpha + \beta MS_{cgs} + \gamma X_{icgs} + \mu_{gs} + \varepsilon_{icgs} \quad (6)$$

其次，关联效应（Correlated Effects）指同组学生学业表现相似的原因来自同组学生面临相同的制度性环境时产生的偏差。在本研究中，本地儿童与流动儿童在同样的班级中拥有相同的班级环境和教师质量。忽略班级和教师特征可能高估流动儿童同伴的影响（Burke and Sass, 2013）。为处理这一问题，采用 Burke 和 Sass（2013）的做法，本文通过控制班级和教师特征来解决关联效应。

再次，估计流动儿童同伴效应的第三个挑战在于对背景效应（Contextual Effects）和内生效应（Endogenous Effects）的区分。背景效应指同伴外部背景特征的影响，而内生效应则是本文关注的同伴互动影响。忽略环境效应和内生效应的区分同样可能高估流动儿童的同伴

---

① 使用固定效应模型获得有效估计需要在控制固定效应后，确保同伴构成在不同的班级中的分布是随机的。

效应（Gaviria and Raphael，2001）。采用 Gaviria 和 Raphael（2001）的方法，本文通过控制班级流动儿童的平均特征，对背景效应和内生效应进行区分。①

基于教育生产函数的理论框架，本研究建立以下模型识别流动儿童的同伴效应，公式如下：

$$Y_{icgs} = \alpha + \beta MS_{cgs} + \gamma X_{icgs} + \delta C_{cgs} + \theta P_{cgs} + \mu_{gs} + \varepsilon_{icgs} \tag{7}$$

其中，C_{cgs} 代表班级和教师特征，包括班级规模、班级排名、班主任教龄、班主任是否具有本科（及以上）学历及班主任是否具有高级（及以上）职称；P_{cgs} 表示班级流动儿童的平均特征，包括班级流动儿童父亲平均拥有本科（及以上）学历比例，母亲平均拥有本科（及以上）学历的比例和平均家庭收入情况。

最后，反射问题（Reflection Problem）是指自变量与因变量之间的双向因果关系问题。由于班级内不同学生间的同伴效应是同步发生的。一方面，被研究的个体受到流动儿童同伴的影响；另一方面，个体作为同伴中的一员，自己的教育结果也会影响到流动儿童同伴。这种双方结果的同步变化被称之为"反射问题"，正如人和镜中的影响同时运动，因此，难以区分其中一方对另一方的影响，故难以将流动儿童的同伴效应分类出来。为处理反射问题，采用 Hanushek 等（2003）的做法，本文将流动儿童六年级时的学习情况作为当期成绩的滞后项加入公式（6），对公式（6）进行重新估计，作为本文结果的稳健性检验（Hanushek，Kain，Markman et al，2003）。

4.3.3 学校隔离对流动人口子女教育融入结果的影响

除家庭和同伴因素外，学校隔离对流动人口子女教育融入的影响同样不可忽视。有研究显示，由于受到户口制度和流入地义务教育财政体制的限制，因此，大量流动人口子女无法顺利地入读流入地的公办学校（Chen et al，2009；Feng and Chen，2012）。由于没有当地户

---

① 另外，本研究还使用 Ammermueller 和 Pischke（2009）及 Ohinata 和 Van Ours（2013）的方法，确保教育资源和班级构成的随机分配。

口,因此,一部分流动儿童只能就读于私立学校或农民工打工子弟学校。即使能通过缴纳额外赞助费或参加学校组织的考试进入当地公办教育体系,流动人口子女通常也只能就读于平均社经地位较差和流动儿童比例较高的公办学校。这种户口和学校社经地位隔离严重影响流动人口子女在流入地的教育融入进程。在此背景下,本研究的目的在于分析两种学校隔离(户口和学校社经地位隔离)对流动儿童教育融入的影响。

由于 CEPS 数据在调研抽样时具有明显的嵌套特征(学生嵌套于班级中,班级又嵌套在学校中),因此,本研究使用多层线性模型(Hierarchical Linear Model, HLM)进行分析。HLM 由 Bryk 和 Raudenbush(1992)发展和完善。相对于传统线性回归而言,HLM 在一定程度上能够克服传统回归分析无法有效处理嵌套数据的局限性。

考虑到不同学校和班级间巨大的异质性(班级质量、师资力量、学校质量、学校类型等)对青少年发展的潜在影响及本研究数据特殊的嵌套性特征,本研究建立三层 HLM 对学校隔离的影响进行分析。其中,第一层是个体学生;第二层是班级;第三层是学校。

Level1: $\quad Y_{ics} = \pi_{0c} + \pi_{1c} ST_{ics} + \sum \pi_{ics} X_{ics} + e_{ics}$ (8)

Level2: $\quad \pi_{0c} = \beta_{0s} + \sum \beta_{0c} C_c + \gamma_{0c}$ (9)

Level3: $\quad \beta_{0s} = \gamma_{000} + \sum \gamma_{00s} S_s + \mu_{0s}$ (10)

$$\pi_{ics} = \gamma_{i00}$$ (11)

其中,在 Level 1(个人层面),Y_{ics} 表示 s 学校 c 班级中学生 i 的认知和非认知能力;π_{0c} 是班级层面的截距项;ST_{ics} 表示学生类型,π_{1c} 为教育结果融入情况;X_{ics} 表示 s 学校 c 班级中学生 i 的一系列个体和家庭特征,包括性别、年龄、民族、儿童类型、前期认知或非认知能力、家庭 SES、父母参与、代际闭合、家庭结构、书籍数量和家庭受教育期望;e_{ics} 表示 s 学校 c 班级中学生 i 未被解释的残差;在 Level 2(班级层面),β_{0s} 表示学校层面的截距项;C_c 表示 c 班级的一系列特征,包括班级规模、班级排名、班主任学历、班主任教龄和班主任职称;γ_{0c} 为班级层面未解释的残差项；在Level 3（学校层面），S_s表示学校s的特征，包括学校平均SES（学校社经地位隔离），城市流动儿童比例和农村流动儿童比例（学校户口隔离）；最后，在 Level 3 中进一步加入中介变量，如学校资源结构、学校实践和同伴影响，分析学校隔离的中介效应。

为简要显示分析结果，本研究使用的被解释变量认知能力来自CEPS 中认知测试得分；非认知能力来自心理健康、集体融入、人际关系和社会关系的因子得分。同样，为分析学校隔离对不同类型流动人口子女教育融入结果的影响，本研究将分析学校隔离对两类主要流动儿童（城市流动儿童和农村流动儿童）的教育融入结果的影响。此外，由于学校隔离的影响可能存在异质性，本研究在模型中构建学生类型与学校隔离的交互项，分析学校隔离对不同流动人口子女教育融入结果的异质性影响。与此同时，学校隔离的影响存在潜在的非线性可能，本研究在模型中依次加入两类学校隔离的平方项分析学校隔离的非线性影响。另外，本研究还通过逐渐增加学校层面的特征来分析学校隔离的作用机制。

4.4 本章总结

通过对相关理论和已有经验的回顾，本章构建了分析流动人口子女教育融入结果影响因素的综合理论框架，分别从家庭、班级和学校层面分析了家庭迁移、班级同伴和学校隔离对流动人口子女教育融入结果的影响。

除构建综合分析框架外，本章还对研究使用的数据及相应的变量做了较为清晰的介绍。本研究使用数据来自中国教育追踪调查（CEPS）的基线调查，衡量流动人口子女教育融入结果的自变量为认知和非认知能力。除控制相应的个人和家庭特征变量外，本研究还纳入了丰富的班级和学校变量。

在具体的研究设计中，首先，本章引入倾向得分匹配（PSM）方法估计不同类型家庭迁移对流动人口子女教育融入结果的影响。其次，本章还引入了随机分班和固定效应模型方法评估班级流动儿童同伴对流动人口子女教育融入结果的影响。最后，通过引入多层线性模型（HLM），本章还拟分析了学校社经地位隔离和学校户口隔离对流动人口子女教育融入结果的影响。

第5章　流动人口子女教育融入结果现状

5.1　流动人口子女教育融入结果的现状

在分析流动人口子女教育融入的影响因素之前，需要了解不同类型流动人口子女教育融入结果的现状。本研究分布从认知和非认知层面分别探讨两种重要类型流动人口子女（留守儿童和流动儿童）的教育融入结果现状。表5-1给出了全样本中不同类型儿童认知和非认知能力分布情况。

见表5-1，在全样本中两类流动人口子女（留守儿童和流动儿童）的认知能力水平均低于城市本地儿童，且留守儿童的认知能力水平最低。本研究结果显示，与城市本地儿童相比，留守儿童和流动儿童拥有更低的数学、语文、英语和认知测试成绩。值得注意的是，留守儿童的认知能力水平甚至低于农村本地儿童。在数学、语文、英语和认知能力测试四个指标中，留守儿童均低于农村本地儿童。这表明，流动人口子女的整体教育融入水平不高，且留守儿童的教育融入水平最低。

表 5-1　不同类型儿童的认知和非认知能力分布情况

	农村本地儿童①	留守儿童	流动儿童	城市本地儿童②
认知能力				
数学成绩	74.210	71.838	78.006	83.313
	(31.423)	(31.346)	(30.258)	(31.861)
语文成绩	80.596	79.439	83.269	85.862
	(20.155)	(19.449)	(20.927)	(20.943)
英语成绩	74.500	71.961	78.801	85.701
	(29.620)	(28.749)	(28.941)	(30.764)
认知测试③	-0.118	-0.227	-0.030	0.183
	(0.816)	(0.779)	(0.858)	(0.892)
非认知能力④				
心理健康	0.033	-0.119	-0.005	0.015
	(0.841)	(0.864)	(0.937)	(0.972)
集体融入	-0.048	-0.196	0.038	0.087
	(0.855)	(0.892)	(0.821)	(0.825)
人际关系	-0.028	-0.115	0.002	0.060
	(0.806)	(0.830)	(0.823)	(0.804)
社会交往	-0.190	-0.359	0.137	0.206
	(0.690)	(0.612)	(0.776)	(0.758)
N	5 961	2 499	3 500	7 527

注：①农村本地儿童是指拥有农业户口，居住地与户口登记地相符，且父母均没有外出的农村儿童。②城市本地儿童是指拥有非农业户口，居住地与户口登记地相符的城市儿童。③认知测试得分为均值为 0 标准差为 1 的标准化得分。0 代表全国均值，大于 0 表示高于全国平均水平，小于 0 表示低于全国平均水平。④非认知能力得分的处理与认知测试相同，下同，故省略。⑤括号内为标准差，数据来源为 CEPS 基线数据。

在非认知能力方面，留守儿童和流动儿童的非认知能力融入水平较差。本研究结果显示，与城市本地儿童相比，不论是在心理健康和集体融入方面，还是在人际关系和社会交往方面，留守儿童均大幅低于前者。流动儿童的社会交往得分与城市本地儿童相差最大，心理健康得分相差最小。与之对应的，流动儿童在心理健康、集体融入、人际关系和社会交往四个指标上同样低于城市本地儿童。其中，社会交往水平的差距最大，人际关系次之，集体融入再次，心理健康状况最次。这表明，留守儿童和流动儿童的非认知能力融入水平较低，且留守儿童的非认知能力融入最低。

5.1.1 不同来源流动人口子女的认知和非认知能力

由于流动人口子女内部本身具有较强的异质性，因此，在分析了流动人口子女教育融入结果的总体情况后，需要对不同类型流动人口子女的教育融入状况进行分别探究。表 5-2 给出了不同来源流动人口子女与城市本地子女认知和非认知能力的对比。

表 5-2 不同来源流动人口子女与城市本地子女认知和非认知能力的对比

	城市流动儿童[①]	农村流动儿童[②]	城市本地儿童
认知能力			
数学成绩	78.840	77.530	83.310
	(30.120)	(30.330)	(31.860)
语文成绩	82.650	83.620	85.860
	(21.340)	(20.690)	(20.940)
英语成绩	81.450	77.290	85.700
	(29.760)	(28.360)	(30.760)
认知测试	0.034	-0.066	0.183
	(0.864)	(0.853)	(0.892)
非认知能力			
心理健康	0.000	-0.007	0.015
	(0.964)	(0.922)	(0.972)
集体融入	0.079	0.015	0.087
	(0.798)	(0.833)	(0.825)
人际关系	0.050	-0.026	0.060
	(0.818)	(0.826)	(0.804)

续表

	城市流动儿童①	农村流动儿童②	城市本地儿童
非认知能力			
社会交往	0.284	0.053	0.206
	(0.808)	(0.744)	(0.758)
N	1 273	2 227	7 527

注：①城市流动儿童为来自其他城市的流动儿童，在本研究识别为户籍登记地与所在地不一致且持有非农业户口的儿童。②农村流动儿童为来自农村地区的流动儿童，本研究操作化为户籍登记地与所在地不一致且持有农业户口的儿童。③括号内为标准差，数据来源为 CEPS 基线数据。

表 5-2 中，在所有认知和非认知能力指标中，不同来源的流动人口子女的教育融入结果出现了差异性特征。城市流动儿童的教育融入情况相对较好，农村流动儿童则相对较差。本研究结果显示，与城市本地儿童相比，城市流动儿童在数学、语文、英语期中成绩和认知能力测试方面均明显低于前者；而在非认知能力方面，城市流动儿童的心理健康、集体融入和人际关系基本与城市本地儿童无异，只有社会交往水平明显低于城市本地儿童。

与城市流动儿童相同，农村流动儿童的数学、语文、英语和认知能力测试成绩均明显低于城市本地儿童。在非认知层面，除心理健康外，农村流动儿童的其余三项指标（集体融入、人际关系和社会交往）均明显低于城市本地儿童。这表明，不同类型的流动人口子女的教育融入状况存在较大差异性。由此，假设 1-1 得到证实。总体而言，不同类型流动人口子女的认知能力融入较差，非认知能力的融入优于认知能力。

5.1.2 不同区域流动人口子女的认知和非认知能力

除按来源划分流动人口子女外，不同区域流动人口子女的认知和非认知能力同样可能存在较大差异，然而已有文献却鲜有研究对不同区域流动人口子女的教育融入情况进行分析。通过流动人口子女的流动是否省际，本研究进一步将流动人口子女分为省内流动儿童和省际流动儿童。表5-3给出了不同区域流动人口子女与城市本地儿童认知和非认知能力的对比。

表5-3 不同区域流动人口子女与城市本地儿童认知和非认知能力的对比

	省内流动儿童①	省际流动儿童②	城市本地儿童
认知能力			
数学成绩	76.480	80.230	83.310
	(29.340)	(31.010)	(31.860)
语文成绩	81.360	85.780	85.860
	(19.040)	(22.340)	(20.940)
英语成绩	74.800	83.740	85.700
	(26.050)	(30.990)	(30.760)
认知测试	-0.043	-0.001	0.183
	(0.844)	(0.871)	(0.892)
非认知能力			
心理健康	0.023	-0.036	0.015
	(0.942)	(0.923)	(0.972)
集体融入	0.041	0.042	0.087
	(0.805)	(0.838)	(0.825)
人际关系	0.021	-0.008	0.060
	(0.819)	(0.817)	(0.804)
社会交往	0.141	0.133	0.206
	(0.766)	(0.783)	(0.758)
N	1 600	1 779	7 527

注：①省内流动儿童为来自同省其他地区的流动儿童。②省际流动儿童指来自其他省份的流动儿童。③括号内为标准差，数据来源为CEPS基线数据。

表5-3中，不同区域流动人口子女的教育融入情况同样存在较大的差异性。整体而言，省内流动儿童的非认知能力融入水平较高，而省际流动儿童在认知能力方面融入更好。在认知能力方面，省内流动儿童的数学、语文和英语及认知测试成绩均低于城市本地儿童；而在非认知能力方面，省内流动儿童的心理健康状况与城市本地儿童无异，

但集体融入、人际关系和社会交往均明显低于后者；除语文成绩外，省际流动儿童的数学、英语和认知能力测试得分均明显低于城市本地儿童；在心理健康、集体融入、人际关系和社会交往的四项非认知能力指标中，省际流动儿童均明显低于城市本地儿童。

在两类（省内和省际）流动儿童间，认知能力和非认知能力的融入状况同样存在差异性：省际流动儿童的认知能力融入状况要优于省内流动儿童，省际流动儿童的数学、语文、英语三科期中考试成绩及认知能力测试得分均优于省际内流动儿童。相反，在非认知能力方面，省内流动儿童的教育融入状况要高于省际流动儿童。除集体融入外，省内流动儿童的心理健康、人际关系和社会交往均高于省际流动儿童。这表明，两类流动儿童的教育融入水平整体较低，但省内流动儿童的非认知能力融入要优于省际流动儿童。相反，省际流动儿童的认知能力融入状况要优于省内流动儿童。由此，假设1-2得到证实，不同来源流动人口子女与城市本地儿童在认知和非认知能力上的差异并不相同。

5.1.3 不同代际流动人口子女的认知和非认知能力

不同代际国际移民的教育融入一直是学术界探讨的重点议题，代际间移民的教育融入差异也反映了移民在迁入地的教育融入进程。与国际移民不同，分析不同代际内部移民教育融入状况的研究十分有限，探讨中国大陆地区不同代际流动人口子女教育融入状况的研究则更为少见。为详尽分析流动人口子女在流入地的教育融入进程，本研究采用 Rumbaut（2004）的分类方法，分别探讨了1.25代、1.5代、1.75代和2代流动儿童①的教育融入状况。表5-4为不同代际流动人口子女与城市本地儿童的认知和非认知能力对比。

---

① 1.25代流动儿童指初中时（12~15岁）迁入的流动儿童；1.5代流动儿童是指小学时（6~11岁）迁入的流动儿童；1.75代指学龄前（0~5岁）迁入的流动儿童；2代流动儿童指出生在本地的流动儿童；国际研究中通常将1.25代、1.5代和1.75代统称为出生在国外的1代移民，2代移民的出生地为本地。

表5-4 不同代际流动人口子女与城市本地儿童的认知和非认知能力对比

	1.25代流动儿童	1.5代流动儿童	1.75代流动儿童	2代流动儿童	城市本地儿童
认知能力					
数学成绩	75.260 (30.640)	78.190 (29.240)	80.240 (31.020)	78.250 (30.280)	83.310 (31.860)
语文成绩	81.520 (21.920)	84.540 (20.160)	83.620 (20.360)	82.980 (21.360)	85.860 (20.940)
英语成绩	75.480 (29.400)	78.860 (28.400)	80.380 (28.760)	80.430 (29.140)	85.700 (30.760)
认知测试	-0.144 (0.883)	-0.006 (0.825)	-0.016 (0.865)	0.039 (0.859)	0.183 (0.892)
非认知能力					
心理健康	-0.092 (0.949)	-0.001 (0.921)	0.040 (0.900)	0.030 (0.979)	0.015 (0.972)
集体融入	-0.022 (0.863)	0.029 (0.799)	0.049 (0.802)	0.100 (0.824)	0.087 (0.825)
人际关系	-0.029 (0.825)	-0.021 (0.819)	0.037 (0.803)	0.027 (0.847)	0.060 (0.804)
社会交往	0.007 (0.764)	0.098 (0.751)	0.218 (0.780)	0.234 (0.793)	0.206 (0.758)
N	815	1 057	812	816	7 527

注：括号内为标准差；数据来源为CEPS基线数据。

由表5-4可知，不同代际流动人口子女的教育融入状况并不一致。其中，出生于当地的2代流动儿童的教育融入状况最好，小学前迁入的1.75代流动儿童其次，小学时迁入的1.5代流动儿童再次，初中时才迁入的1.25代流动儿童教育融入状况最差。本研究结果显示，与城市本地儿童相比，出生于当地2代流动儿童的认知能力（数学、语文、英语和认知测试）指标仍显著低于前者，但四项非认知能力水平（心理健康、集体融入、人际关系和社会交往）则与城市本地儿童没有明显差异。与出生于当地的2代流动儿童类似，小学前迁入的1.75代流动儿童的认知能力指标均明显低于城市本地儿童,但非认知能力指标与城市本地儿童的差异不再显著。

小学时迁入的1.5代流动儿童的教育融入状况同样表现出差异性的特征。虽然认知能力指标均显著低于城市本地儿童,但心理健康水平已经与城市本地儿童没有明显差异。1.5代流动儿童其他三项非认知能力指标(集体融入、人际关系和社会交往)均低于城市本地儿童;初中时才迁入的1.25代流动儿童的教育融入状况最差,不仅在数学、语文、英语和认知测试分数四项认知能力指标上明显低于城市本地儿童,而且在心理健康、集体融入、人际关系和社会交往指标上同样明显低于城市本地儿童。

这表明,随着流动儿童代际的增加(即在迁入地生活时间的增加),流动儿童与城市本地儿童认知和非认知能力的差距也在逐渐缩小,但流动儿童可能首先改善的是非认知能力方面的融入,认知能力方面的教育融入要晚于非认知方面的教育融入。由此,假设1-3得到证实,不同代际流动人口子女与城市本地儿童在认知和非认知能力上的差距并不相同。值得注意的是,即使是融入状况最好的2代流动儿童,在一些认知和非认知指标上仍低于城市本地儿童。

5.2 本章总结

整体而言,中国大陆地区流动人口子女的教育融入水平不高,在认知和非认知能力上与本地子女具有较大差距。在认知能力方面,流动儿童的四项认知能力指标(数学、语文、英语和认知测试)水平要高于留守儿童,但仍低于城市本地儿童。留守儿童的认知融入水平不仅低于流动儿童和城市本地儿童,而且低于农村本地儿童。与之类似,在非认知能力方面,流动儿童的融入水平同样优于留守儿童,但与城市本地儿童间仍有较大差距。留守儿童的各项非认知能力指标(心理健康、集体融入、人际关系和社会交往)水平不仅低于流动儿童,而且低于农村本地儿童。这表明,包括流动和留守儿童在内的流动人口子女认知和非认知能力水平整体偏低,且留守儿童的最低。

不同类型流动儿童的教育融入情况同样存在差异。首先,不同来源流动人口子女的教育融入水平并不相同。城市流动儿童的教育融入情况相对较好,农村流动儿童则相对较差。其次,不同区域流动人口子女的教育融入水平也存在差异。省内流动儿童的非认知能力融入水平较高,而省际流动儿童在认知能力方面融入更佳。最后,不同代际流动人口子女的教育融入水平差异同样值得关注。不同代际流动人口子女的教育融入状况存在差异性。2代流动儿童的教育融入状况最好,1.75代流动儿童其次,1.5代流动儿童再次,1.25代流动儿童的教育融入状况最差。这意味着,迁入到城市地区的时间越长,流动儿童的认知和非认知能力越强,即,无论是认知能力还是非认知能力均有所改善。

第6章　家庭迁移与流动人口子女的教育融入结果

6.1　描述性统计（1）

研究首先对关注的变量进行描述性统计分析。表6-1为不同类型人口子女的描述性统计结果。整体而言，在5组儿童中，城市本地儿童认知和非认知能力最强，农村留守儿童最弱。在三类流动人口子女（农村留守儿童、祖父母不同住流动儿童、祖父母同住流动儿童）中，祖父母同住流动儿童的认知和非认知指标显著高于农村留守儿童和祖父母不同住流动儿童，且在一些认知能力指标（如数学成绩、语文成绩和英语成绩）和非认知能力指标方面（包括集体融入和社会交往）已经与城市本地儿童无明显差异。

在个人和家庭背景方面，虽然城市本地儿童在大多数指标上仍高于其他4组儿童，但祖父母同住的流动儿童在诸如前期认知和非认知能力、父亲受教育水平、家庭收入等方面已经与城市本地儿童无明显差异。与此同时，祖父母同住流动儿童更可能居住在直辖市和东部地区，然而，上述结果只是在没有控制其他变量时的描述性分析结果，流动人口家庭迁移的影响仍需要进行进一步分析。

表6-1 不同类型人口子女的描述性统计结果

	农村本地儿童	农村留守儿童	祖父母不同住流动儿童	祖父母同住流动儿童	城市本地儿童
认知能力					
数学成绩	74.210 (31.420)	71.840 (31.350)	76.840 (29.740)	83.860 (31.980)	83.313 (31.861)
语文成绩	80.600 (20.150)	79.440 (19.450)	82.610 (21.060)	86.990 (19.700)	85.862 (20.942)
英语成绩	74.500 (29.620)	71.960 (28.750)	77.490 (28.570)	85.160 (29.890)	85.701 (30.764)
认知测试	-0.118 (0.816)	-0.227 (0.779)	-0.057 (0.862)	0.104 (0.829)	0.183 (0.892)
非认知能力					
心理健康	0.033 (0.841)	-0.119 (0.864)	-0.018 (0.943)	0.080 (0.885)	0.183 (0.972)
集体融入	-0.048 (0.855)	-0.196 (0.892)	0.026 (0.826)	0.088 (0.801)	0.087 (0.825)
人际关系	-0.028 (0.806)	-0.115 (0.830)	-0.020 (0.827)	0.122 (0.783)	0.597 (0.804)
社会交往	-0.190 (0.690)	-0.359 (0.612)	0.114 (0.774)	0.241 (0.767)	0.206 (0.758)
个人特征					
男生	0.507 (0.500)	0.536 (0.499)	0.534 (0.499)	0.506 (0.500)	0.508 (0.500)
年龄	14.669 (1.262)	14.738 (1.342)	14.428 (1.238)	14.249 (1.166)	14.390 (1.168)
少数民族	0.089 (0.785)	0.124 (0.329)	0.072 (0.258)	0.060 (0.237)	0.088 (0.284)
前期认知能力	2.853 (0.706)	2.780 (0.691)	2.894 (0.707)	3.025 (0.665)	3.056 (0.700)
前期非认知能力	3.216 (0.496)	3.181 (0.475)	3.177 (0.548)	3.226 (0.519)	3.240 (0.575)

续表

	农村本地儿童	农村留守儿童	祖父母不同住流动儿童	祖父母同住流动儿童	城市本地儿童
家庭特征					
家庭SES					
父亲受教育水平	9.000	8.675	9.683	10.501	11.470
	(2.227)	(2.254)	(2.910)	(3.213)	(3.525)
母亲受教育水平	8.294	7.704	8.666	9.777	10.800
	(2.702)	(2.936)	(3.224)	(3.518)	(3.753)
父亲专业职业	0.069	0.066	0.165	0.213	0.312
	(0.253)	(0.248)	(0.371)	(0.410)	(0.463)
母亲专业职业	0.040	0.025	0.091	0.140	0.257
	(0.197)	(0.156)	(0.288)	(0.348)	(0.437)
家庭收入情况	2.913	2.747	3.056	3.094	3.088
	(0.542)	(0.589)	(0.479)	(0.495)	(0.559)
社会资本					
功能性					
家庭督导	-0.034	-0.267	-0.002	0.024	0.113
	(0.758)	(0.718)	(0.778)	(0.759)	(0.806)
家庭沟通	-0.029	-0.207	-0.089	0.056	0.122
	(0.881)	(0.915)	(0.946)	(0.696)	(0.906)
教育期望	15.031	14.710	15.052	15.991	15.770
	(4.183)	(4.518)	(4.503)	(3.937)	(4.466)
结构性					
与教师联系	-0.025	-0.079	-0.011	0.059	0.045
	(0.725)	(0.733)	(0.687)	(0.697)	(0.692)
认识家长数	0.692	0.629	0.550	0.570	0.646
	(0.523)	(0.551)	(0.534)	(0.534)	(0.527)
兄弟姐妹数量	0.884	1.063	0.907	0.724	0.442
	(0.785)	(0.828)	(0.857)	(0.779)	(0.760)

续表

	农村本地儿童	农村留守儿童	祖父母不同住流动儿童	祖父母同住流动儿童	城市本地儿童
文化资本					
书籍数量	2.855	2.531	3.208	3.482	3.546
	(1.140)	(1.130)	(1.166)	(1.145)	(1.162)
地区特征					
地区平均受教育年限	8.910	8.347	10.224	10.238	9.974
	(1.130)	(0.960)	(1.233)	(1.291)	(1.467)
直辖市	0.095	0.020	0.594	0.556	0.405
	(0.294)	(0.141)	(0.491)	(0.498)	(0.491)
省会城市市区	0.142	0.031	0.586	0.632	0.479
	(0.349)	(0.172)	(0.500)	(0.482)	(0.499)
地级市市区	0.156	0.074	0.574	0.464	0.429
	(0.363)	(0.262)	(0.495)	(0.499)	(0.495)
东部地区	0.737	0.457	0.786	0.714	0.673
	(0.440)	(0.498)	(0.410)	(0.452)	(0.469)
中部地区	0.629	0.594	0.168	0.244	0.307
	(0.483)	(0.491)	(0.374)	(0.430)	(0.462)
N	5 961	2 499	2 852	605	7 527

注：括号内为标准差，数据来源为 CEPS 基线数据。

6.2 估计结果

6.2.1 研究方法假设检验

在使用 PSM 方法估计不同家庭迁移类型对流动人口子女教育融入结果影响效应前，首先，本研究先对 PSM 方法的假设进行了证实。使用 PSM 方法需要根据协变量对不同迁移类型的倾向得分进行预测。其次，根据得出的倾向得分证实处理组和控制组的倾向得分是否存在重叠。最后，还需要对处理组和控制组进行匹配前后协变量平衡性检验。

表6-2为不同家庭迁移类型匹配前协变量的 Probit 回归估计结果。本研究选择的协变量与所关注的结果变量相关，满足协变量选择的要求，可以作为下文分析的协变量使用。考虑到篇幅限制，本研究仅报告子女迁移的 Probit 回归估计结果。表6-2第三列中，在其他因素相同情况下，男生比女生获得了更多的迁移机会，可能反映了流动人口在家庭迁移安排中的"男生偏好"。子女年龄越大迁移的可能便越小，可能是反映出流动人口家庭中年龄更小的孩子需要额外的照顾。前期认知和非认知能力越高的孩子迁移的可能性越低，这可能是来自流动人口家庭迁移选择的补偿机制，即流动人口家庭希望通过迁移让家庭中认知和非认知能力较低的孩子获得更好发展，改变其认知和非认知能力劣势的现状，也回应了新古典经济学理论，证明了个人特征会影响到流动人口子女的迁移行为。

表6-2 不同家庭迁移类型匹配前协变量的 Probit 回归估计结果

解释变量	被解释变量			
	父母迁移	子女迁移	祖父母迁移	家庭整体迁移
个人特征				
男生	0.145**	0.149**	-0.102	-0.001
	(0.059)	(0.061)	(0.107)	(0.100)
年龄	-0.086***	-0.098***	-0.095**	-0.163***
	(0.023)	(0.025)	(0.045)	(0.044)
少数民族	-0.486***	0.023	-0.189	-0.107
	(0.116)	(0.120)	(0.215)	(0.210)
前期认知能力	0.003	-0.044	0.109	0.026
	(0.043)	(0.046)	(0.083)	(0.079)
前期非认知能力	0.085	-0.146**	0.060	-0.003
	(0.064)	(0.060)	(0.098)	(0.091)

续表

	被解释变量			
	父母迁移	子女迁移	祖父母迁移	家庭整体迁移
家庭特征				
家庭 SES				
父亲受教育水平	-0.011	0.064***	0.012	-0.060***
	(0.015)	(0.014)	(0.022)	(0.019 1)
母亲受教育水平	0.011	-0.067 8***	0.083***	-0.045**
	(0.012)	(0.012)	(0.021)	(0.019)
父亲职业（专业类=1）	0.366***	0.369***	-0.128	-0.166
	(0.128)	(0.104)	(0.155)	(0.136)
母亲职业（专业类=1）	-0.325*	0.460***	0.036	-0.433***
	(0.193)	(0.136)	(0.186)	(0.156)
家庭收入情况	-0.283***	0.009	0.012	0.063
	(0.054)	(0.062)	(0.111)	(0.095)
社会资本				
功能性				
家庭督导	-0.318***	-0.099**	-0.089	-0.122*
	(0.044)	(0.042)	(0.072)	(0.067)
家庭沟通	-0.080**	-0.070*	0.015	0.023
	(0.035)	(0.036)	(0.062)	(0.058)
教育期望	-0.004	0.012 3*	0.021	0.029**
	(0.007)	(0.007)	(0.013)	(0.013)
结构性				
与教师联系	-0.015	0.110**	0.151*	0.219***
	(0.041)	(0.044)	(0.079)	(0.073)
认识家长数	-0.092*	-0.637***	-0.040	-0.235**
	(0.055)	(0.057)	(0.099)	(0.093)
兄弟姐妹数量	-0.003	0.418***	-0.136*	0.515***
	(0.039)	(0.040)	(0.070)	(0.056)

续表

	被解释变量			
	父母迁移	子女迁移	祖父母迁移	家庭整体迁移
文化资本				
书籍数量	-0.001	0.099***	0.057	-0.002
	(0.029)	(0.030)	(0.053)	(0.051)
地区特征				
地区平均受教育年限	-0.399***	0.741***	-0.177**	0.202***
	(0.055)	(0.042)	(0.074)	(0.065)
省会城市市区	-0.046	-1.171***	0.423**	0.220
	(0.243)	(0.105)	(0.169)	(0.155)
地级市市区	0.628***	-0.406***	-0.164	-0.655***
	(0.198)	(0.094 4)	(0.165)	(0.153)
县、县级市	0.344*	-1.106***	-0.196	-0.295
	(0.195)	(0.123)	(0.249)	(0.238)
中部地区（东部地区=0）	0.838***	-1.094***	0.822***	-0.547**
	(0.082)	(0.116)	(0.244)	(0.227)
西部地区（东部地区=0）	0.774***	0.589***	0.060	-0.652***
	(0.102)	(0.089)	(0.168)	(0.152)
伪 R^2	0.083	0.262	0.045	0.070
N	7 350	8 194	2 975	7 138

注：括号内为稳健标准误（Robust SE）；*、**和***分别代表1%、5%和10%的显著性水平。

家庭特征对子女迁移的影响不容忽视。父母受教育程度越高、职业水平越好、家庭收入较高和书籍数量越多的子女迁移的可能性也越高，可能反映了不同家庭资本（人力资本、经济资本和文化资本）对子女迁移机会的支撑作用，与实践逻辑理论中强调家庭资本重要性的论断一致。此外，兄弟姐妹数量越多，子女迁移的可能性越大，这可能反映出在同样情况下，家中子女较多的流动人口家庭希望为更多子女提供在迁入地生活和学习的机会。

地区特征对子女迁移的影响同样值得注意。平均受教育水平越高，则子女迁移的可能性越大，可能反映出地区教育和经济发展水平对子女迁移的促进作用。与农村地区相比，居住在省会城市市区、地级市市区和县、县级市的流动人口家庭更少选择子女迁移，可能反映出城市地区教育资源和经济状况对流动人口子女迁移的拉力。同样，与东部地区相比，中部地区的流动人口家庭更少选择让子女迁移，而西部地区的流动人口家庭则更愿选择子女迁移，可能反映出中国大陆内部不同区域巨大的经济和教育发展的差异。东部地区发展程度较高，中部地区发展程度中等，而西部地区则相对落后，因此，流动人口迁移子女迁移的策略选择也同样存在差异。另外，这一结论也强调了多层次迁移理论中地区特征的重要作用。

在完成协变量选择后，还需要依据协变量得出的倾向得分，证实不同处理组和控制组间是否存在重叠，即"重叠假定"。图 6-1~图 6-8 分别是父母迁移、子女迁移、祖父母迁移和家庭整体迁移重叠假定的证实结果。

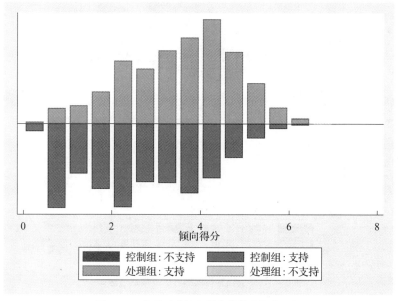

图 6-1 父母迁移倾向得分的共同取值区间

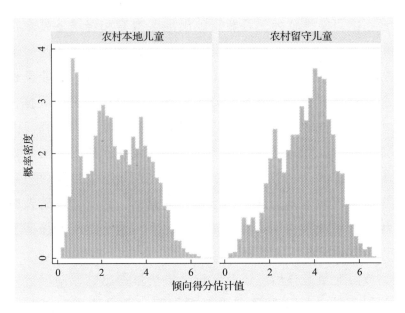

图 6-2 父母迁移倾向得分概率分布

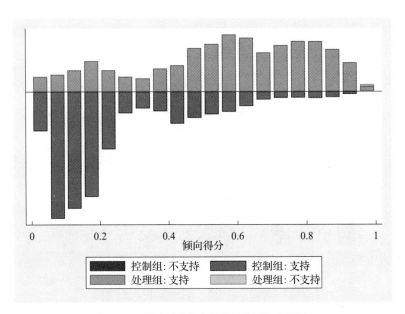

图 6-3 子女迁移倾向得分的共同取值区间

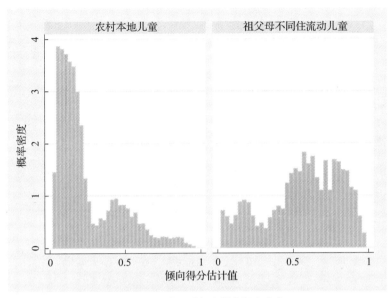

图6-4 子女迁移倾向得分概率分布

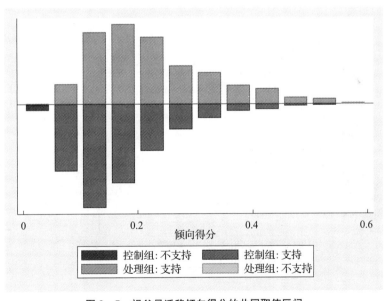

图6-5 祖父母迁移倾向得分的共同取值区间

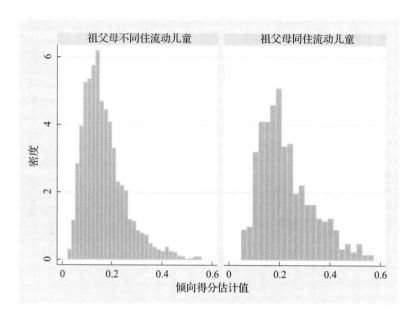

图6-6 祖父母迁移倾向得分概率分布

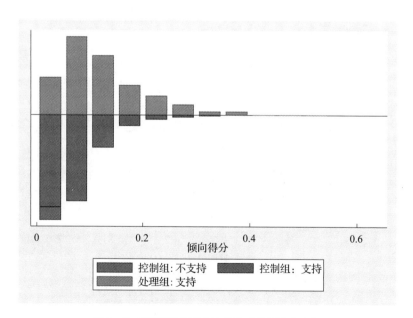

图6-7 家庭整体迁移倾向得分的共同取值区间

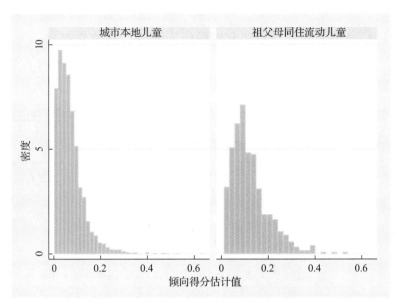

图6-8 家庭整体迁移倾向得分概率分布

由图6-1和图6-2可知,父母迁移中处理组(农村留守儿童)和控制组(农村本地儿童)的倾向得分存在共同区域,故满足重叠性假定要求。子女迁移(图6-3和图6-4)的处理组与控制组倾向得分同样存在共同区域。只有祖父母迁移(图6-5)中控制组在倾向得分较低情况和处理组在倾向得分较高情况下存在部分不支持区域,考虑到倾向得分差异较小,故仍可作为后续分析使用。此外,为检验家庭迁移是否有助于缩小流动人口子女与流入地城市本地人口子女在认知和非认知能力方面的差距,本研究还将与祖父母同住的流动儿童和城市本地儿童进行对比。图6-7和图6-8给出了对应的重叠假定证实结果,由图6-7可知,控制组在倾向得分比较低的情况下存在部分不支持区域,但考虑到不支持区域很小,故仍可以作为后续分析使用。[①]

在证实完重叠假定后,本研究使用双样本 $T-test$ 来检验不同迁移类型中匹配前后的协变量的匹配情况。当协变量在匹配前后不存在显

[①] 为证实结果的稳健性,本研究还将图6-5和图6-7中控制组不支持"重叠假定"的部分进行删除,然后重新进行匹配分析,所得结果与下文所得到的结果基本无异,故两组匹配中不支持"重叠假定"的部分并没有影响本文的分析结果。

著差异时，则匹配情况较好，协变量平衡性检验便得以满足。表6-3为不同迁移类型协变量处理组和对照组匹配前后的差异对比。由表6-3可知，几乎所有处理组和控制组的协变量在匹配后已不存在明显差异。这表明，本研究使用的匹配方法较为有效地平衡了不同类型家庭迁移中处理组和控制组样本。故，协变量平衡性检验也得以通过。

表6-3 不同迁移类型处理组和控制组协变量匹配前后差异对比

	农村留守儿童 VS. 农村本地儿童		祖父母不同住流动儿童 VS. 农村本地儿童		祖父母同住流动儿童 VS. 祖父母不同住流动儿童		祖父母同住流动儿童 VS. 城市本地儿童	
	匹配前	匹配后	匹配前	匹配后	匹配前	匹配后	匹配前	匹配后
个人特征								
男生	0.010	0.857	0.113	0.797	0.473	0.357	0.980	0.244
年龄	0.046	0.512	0.000	0.763	0.001	0.876	0.005	0.389
少数民族	0.000	0.309	0.030	0.215	0.251	0.606	0.033	0.787
前期认知能力	0.000	0.770	0.000	0.300	0.000	0.726	0.232	0.176
前期非认知能力	0.055	0.292	0.009	0.112	0.179	0.837	0.269	0.098
家庭特征								
家庭SES								
父亲受教育水平	0.000	0.420	0.000	0.101	0.000	0.536	0.000	0.346
母亲受教育水平	0.000	0.743	0.000	0.111	0.000	0.956	0.000	0.973
父亲职业	0.787	0.585	0.000	0.116	0.026	0.820	0.000	0.881
母亲职业	0.002	0.411	0.000	0.166	0.002	0.930	0.000	0.591
家庭收入	0.000	0.021	0.000	0.307	0.157	0.710	0.959	0.502
社会资本								
功能性								
家庭督导	0.000	0.738	0.016	0.022	0.301	0.972	0.024	0.669
家庭沟通	0.000	0.951	0.353	0.518	0.003	0.287	0.126	0.729
教育期望	0.096	0.981	0.027	0.301	0.000	0.877	0.622	0.557

续表

	农村留守儿童 VS. 农村本地儿童		祖父母不同住流动儿童 VS. 农村本地儿童		祖父母同住流动儿童 VS. 祖父母不同住流动儿童		祖父母同住流动儿童 VS. 城市本地儿童	
	匹配前	匹配后	匹配前	匹配后	匹配前	匹配后	匹配前	匹配后
结构性								
与教师联系	0.002	0.766	0.062	0.177	0.034	0.523	0.348	0.982
认识家长数	0.000	0.666	0.000	0.762	0.423	0.951	0.003	0.395
兄弟姐妹数	0.000	0.783	0.877	0.030	0.000	0.905	0.000	0.200
文化资本								
书籍数量	0.000	0.320	0.000	0.684	0.000	0.544	0.071	0.212
地区特征								
地区平均受教育年限	0.000	0.665	0.000	0.147	0.793	0.724	0.000	0.420
省会城市市区	0.000	0.572	0.000	0.109	0.000	1.000	0.026	0.622
地级市市区	0.000	0.862	0.000	0.000	0.000	0.478	0.000	0.256
县、县级市	0.000	0.963	0.000	0.145	0.281	0.764	0.010	0.246
中部地区	0.000	0.608	0.000	0.144	0.000	1.000	0.038	0.834
西部地区	0.000	0.595	0.000	0.102	0.005	0.778	0.105	0.727

注：表内为控制组与处理组各协变量差异 $T\text{-}test$ 的 P 值。

6.2.2 基准模型匹配结果

在对研究方法的假设进行检验后，本研究分析不同家庭迁移类型对流动人口子女教育融入结果的影响。在匹配方法的选择上，本研究主要使用最经典的 k 临近匹配中的 1 对 1 匹配，即寻找倾向得分最接近的一个不同组个体进行对比。1 对 1 匹配的优点在于，只需要在两组个体中寻找倾向得分最为接近的个体进行对比，因此，选出的个体更具可比性。为验证研究结果，本研究还使用 k 临近匹配中 1 对 5 匹配和卡尺内最近邻匹配验证 k 临近匹配 1 对 1 匹配的结果，结果置于附表 7～

附表10中。

在分析不同类型家庭迁移的影响时，首先，本研究对比农村本地儿童和农村留守儿童来分析父母迁移的影响。其次，通过对比农村本地儿童和两类流动儿童（不与祖父母同住流动儿童和与祖父母同住流动儿童），本研究分析子女迁移的影响。再次，本研究还将不与祖父母同住流动儿童和与祖父母同住流动儿童进行对比，从而得出祖父母迁移的影响。最后，本研究还将与父母同住流动儿童和城市本地儿童进行对比，从而证实家庭迁移是否能缩小流动人口子女与城市本地儿童在认知和非认知能力方面的差距。表6-4、表6-5、表6-6和表6-7分别给出了父母迁移、子女迁移、祖父母迁移和家庭迁移对流动人口子女教育融入结果的影响效应。

表6-4 父母迁移对认知和非认知能力的影响

	处理组（农村留守儿童）		控制组（农村本地儿童）		父母迁移 ATT
	均值①	样本量③	均值②	样本量④	均值/标准差
认知能力					
数学成绩	72.990	2 036	72.269	5 066	0.721 (1.199)
语文成绩	80.355	2 035	78.436	5 075	1.919*** (0.718)
英语成绩	72.950	2 034	72.602	5 076	0.348 (1.010)
认知测试	-0.202	2 093	-0.169	5 186	-0.033 (0.029)
非认知能力					
心理健康	-0.058	2 087	-0.123	5,140	-0.064** (0.031)
集体融入	-0.092	2 053	-0.201	5 014	-0.109*** (0.032)
人际关系	-0.040	2 132	-0.103	5 201	-0.063** (0.029)

续表

	处理组 （农村留守儿童）		控制组 （农村本地儿童）		父母迁移 ATT
	均值①	样本量③	均值②	样本量④	均值/标准差
非认知能力					
社会交往	-0.351	2 080	-0.356	5 084	-0.005 (0.023)

注：①处理组均值下没有标准误是因为 Stata 软件在进行 PSM 匹配时仅显示两组数据均值，并不显示各组标准误，故无法提取。②控制组下数值没有标准误的原因同控制组，下表同。③处理组样本为满足匹配需求样本量。④控制组样本为满足匹配需求总样本量，由于 Stata 软件限制，无法具体找出与处理组匹配的样本，故即使采用1对1匹配，控制组和处理组的样本量仍不一致。⑤括号内为稳健标准误（Robust Standard Error）；控制变量包括个人特征（性别、年龄、民族和前期认知与非认知能力），家庭特征（家庭 SES、社会资本、文化资本）和地区特征（区平均受教育年限，区地理位置和区所在行政区级别）。⑥匹配方法为1对1的匹配结果。⑦*、**和***分别代表1%、5%和10%的显著性水平。

本研究首先通过对比农村/城市留守儿童和农村/城市本地儿童分析父母迁移的影响。表6-4给出了父母迁移的 ATT。表6-4中，父母迁移对留守儿童认知能力的提升作用相对较小，对非认知能力却具有较强的负面影响。在认知能力方面，农村留守儿童的语文成绩显著高于农村本地儿童，但在数学、英语和认知测试上与后者的差异并不明显。而在非认知能力方面，农村留守儿童的心理健康、集体融入和人际关系明显低于农村本地儿童。此外，农村留守儿童的社会交往的得分同样低于农村本地儿童，但系数较小，而且并没有通过显著性检验。

导致上述现象产生的原因可能在于，父母迁移带来的家庭收入上升有助于提升家庭经济资本，为农村留守儿童提供更多学习资源和教育机会（Hu, 2012; Tang, 2017），因此，父母迁移在一定程度上可以提升农村留守儿童的认知能力，然而，经济资本上升可能难以补偿由家庭社会资本中家庭结构的破坏，即父母分离带来的负面影响。父母迁移带来的家庭分离降低了农村留守儿童的心理健康水平，对留守儿童的集体融入和人际关系同样具有负面影响。由此,假设 2-1 得到证实,即与农村本地儿童相比,留守儿童的认知能力更强,但非认知能力弱于前者。

表 6-5 子女迁移对认知和非认知能力的影响

	处理组(祖父母不同住流动儿童)		控制组(农村本地儿童)		子女迁移 ATT
	均值①	样本量③	均值②	样本量④	均值/标准差
认知能力					
数学成绩	78.854	3 035	73.859	5 413	4.995*** (1.312)
语文成绩	84.116	3 035	80.064	5 425	4.053*** (0.829)
英语成绩	79.644	3 031	74.528	5 424	5.116*** (1.218)
认知测试	-0.101	3 139	-0.042	5 543	0.027 (0.035)
非认知能力					
心理健康	-0.001	2 897	0.112	5 140	-0.113*** (0.038)
集体融入	0.043	2 767	0.064	5 015	-0.021 (0.037)
人际关系	0.019	2 921	0.073	5 201	-0.054 (0.035)
社会交往	0.151	2 858	0.146	5 084	0.005 (0.032)

注:①处理组均值下没有标准误是因为 Stata 软件在进行 PSM 匹配时仅显示两组数据均值,并不显示各组标准误,故无法提取。②控制组下数值没有标准误的原因同控制组,下表同。③处理组样本为满足匹配需求样本量。④控制组样本为满足匹配需求总样本量。⑤括号内为稳健标准误(Robust Standard Error);控制变量包括个人特征(性别、年龄、民族和前期认知与非认知能力),家庭特征(家庭 SES、社会资本、文化资本)和地区特征(区平均受教育年限、区地理位置和区所在行政区级别)。⑥匹配方法为 1 对 1 的匹配结果。⑦*、**和*** 分别代表 1%、5% 和 10% 的显著性水平。

其次，本研究通过对比两类流动儿童（与祖父母不同住流动儿童和与祖父母同住流动儿童）与农村本地儿童，分析子女迁移对流动人口子女教育融入结果的影响。表6-5给出了子女迁移影响的ATT，子女迁移对流动儿童的认知能力具有显著的促进作用，但对部分非认知能力有负面影响。本研究的结果显示与农村本地儿童相比，两类流动儿童的数学、语文、英语和认知测试成绩更高，但只有前三项通过了显著性检验。子女迁移的正面影响可能来自流入地更为优质的公共服务和生活质量。正如多层次迁移理论的描述，与流出地相比，流入地更为优秀的教育资源（如学校和教师质量等）和更高的生活条件（如更丰富的营养和更健康的生活环境等）能为流动儿童的认知发展提供更多支持（Xu and Xie，2015）。

然而，在非认知能力方面，两类流动儿童的心理健康、集体融入和人际关系比农村本地儿童低，但只有心理健康通过了显著性检验。两类流动儿童的社会交往得分高于农村本地儿童，但同样没有通过显著性检验。子女迁移对流动儿童心理健康的负面影响可能来自迁入地的歧视现象。流动人口子女在迁入地可能被当地居民视为外来人口，面临更多歧视和排斥（Xiong，2015；Xu和Wu，2016）。此外，朋友圈的改变也会为流动人口子女带来更多的心理压力，从而负面影响流动人口子女的非认知能力（Lu and Zhou，2012）。由此，假设2-2得到证实，即与农村本地儿童相比，流动儿童的认知能力更高，但非认知能力低于前者。

再次，为分析祖父母迁移的影响，本研究将与祖父母同住的流动儿童和不与祖父母同住的流动儿童进行对比。表6-6是祖父母迁移的ATT，祖父母迁移对流动儿童认知能力的正面影响相对有限，对非认知能力的影响却并不明显。本研究结果显示，在认知能力方面，与祖父母同住的流动儿童数学成绩更佳，但在语文、英语和认知测试上和不与祖父母同住的流动儿童无异。祖父母迁移对流动儿童认知能力的正面影响相对有限，可以被实践逻辑理论所解释，即流动人口家庭中祖父母的经济和文化资本比较有限，无法为流动人口子女提供额外的经济援助和文化生活。换言之，虽然祖父母的迁入带来了家庭结构变化，可以将流动儿童从繁杂的家务活动中替换出来,从而增加了流动儿童投入到学习活动中的时间,但由于祖父母受教育水平较低,难以为流动儿童提供有效的学业指导,因此,对其认知能力的提升作用有限。

表6-6 祖父母迁移对认知和非认知能力的影响

	处理组（祖父母同住流动儿童）		控制组（祖父母不同住流动儿童）		祖父母迁移 ATT
	均值①	样本量③	均值②	样本量④	均值/标准差
认知能力					
数学成绩	84.732	544	80.493	2 463	4.239**
					(2.032)
语文成绩	87.628	545	86.127	2 465	1.500
					(1.293)
英语成绩	85.889	543	84.792	2 463	1.097
					(1.903)
认知测试	0.112	565	0.082	2 553	0.030
					(0.053)
非认知能力					
心理健康	0.084	531	0.097	2 383	-0.013
					(0.061)
集体融入	0.118	497	0.080	2 279	0.038
					(0.057)
人际关系	0.143	533	0.088	2 400	0.055
					(0.056)
社会交往	0.271	525	0.252	2 346	0.019
					(0.055)

注:①处理组均值下没有标准误是因为Stata软件在进行PSM匹配时仅显示两组数据均值,并不显示各组标准误,故无法提取。②控制组下数值没有标准误的原因同控制组,下表同。③处理组样本为满足匹配需求样本量。④控制组样本为满足匹配需求总样本量。⑤括号内为稳健标准误(Robust Standard Error);控制变量包括个人特征(性别、年龄、民族和前期认知与非认知能力),家庭特征(家庭SES、社会资本、文化资本)和地区特征(区平均受教育年限、区地理位置和区所在行政区级别)。⑥匹配方法为1对1的匹配结果。⑦*、**和***分别代表1%、5%和10%的显著性水平。

与之对应的，在非认知能力方面，祖父母迁移似乎并没有明显提升流动儿童的非认知能力。和不与祖父母同住的流动儿童相比，与祖父母同住的流动儿童拥有较低的心理健康水平，但并不明显。此外，虽然与祖父母同住的留守儿童在集体融入、人际关系和社会交往上表现更好，但均没有通过显著性检验。这可能来自祖父母与流动儿童间较大的习性差异。一方面，祖父母迁移可能为流动儿童带来了更多的陪伴与监管；另一方面，由于认知习惯、思维观念和生活方式上的差异，祖父母难以与流动儿童建立有效互动，因此，难以有效促进后者非认知能力的发展。Bol 和 Kalmijn（2016）的研究也指出，祖父母对孙辈的有效影响需要建立在有效的参与和互动基础之上，当祖父母与孙辈间有效互动较为缺乏时，祖父母辈所拥有的资源也难以对孙辈产生有效影响。由此，假设 2–3 得到部分证实，即和不与祖父母同住的流动儿童相比，与祖父母同住流动儿童的认知能力更高，但非认知能力与前者无异。

最后，为分析家庭整体迁移对流动人口子女教育融入结果的影响，本研究还将与祖父母同住流动儿童和流入地城市本地儿童进行对比。表 6–7 为家庭整体迁移对认知和非认知能力的影响，家庭整体迁移有助于促进流动人口子女认知能力和非认知能力的融入。在认知能力方面，与祖父母同住流动儿童的数学、语文和认知测试成绩已与城市本地儿童没有明显差异，且英语成绩明显高于城市本地儿童。与之对应的，在非认知能力方面，家庭整体迁移同样有助于促进流动人口子女非认知能力的融入。与祖父母同住流动儿童的心理健康、集体融入、人际关系和社会交往均与城市本地儿童没有明显差异。家庭整体迁移不仅提升了流动人口家庭的整体经济收入（即经济资本），更为完整的家庭结构也进一步提升了流动人口家庭的社会资本，这些都有助于促进流动儿童的教育融入。由此，假设 2–4 得到基本证实，即家庭迁移确实有助于缩小流动人口子女与城市本地子女的认知和非认知能力方面的差距。附表 7~附表 10 的结果表明，本研究的结果没有受到不同匹配方法的影响。

表6-7 家庭整体迁移对认知和非认知能力的影响

	处理组（祖父母同住流动儿童）		控制组（城市本地儿童）		家庭整体迁移 ATT
	均值①	样本量③	均值②	样本量④	均值/标准差
认知能力					
数学成绩	84.818	532	80.675	6,248	4.143 (1.993)
语文成绩	87.560	533	85.260	6 245	2.299 (1.276)
英语成绩	85.592	531	85.556	6 244	0.036** (1.934)
认知测试	0.113	553	0.168	6 335	-0.055 (0.053)
非认知能力					
心理健康	0.080	522	-0.015	5 917	0.096 (0.061)
集体融入	0.112	488	0.058	5 675	0.054 (0.053)
人际关系	0.140	524	0.011	5 935	0.129 (0.053)
社会交往	0.272	516	0.178	5 794	0.094 (0.051)

注：①处理组均值下没有标准误是因为 Stata 软件在进行 PSM 匹配时仅显示两组数据均值，并不显示各组标准误，故无法提取。②控制组下数值没有标准误的原因同控制组，下同。③处理组样本为满足匹配需求样本量。④控制组样本为满足匹配需求总样本量。⑤括号内为稳健标准误（Robust Standard Error）；控制变量包括个人特征（性别、年龄、民族和前期认知与非认知能力），家庭特征（家庭 SES、社会资本、文化资本）和地区特征（区平均受教育年限、区地理位置和区所在行政区级别）。⑥匹配方法为 1 对 1 的匹配结果。⑦*、**和***分别代表 1%、5% 和 10% 的显著性水平。

6.2.3 异质性模型匹配结果

以上对不同家庭迁移类型的平均处理效应进行了估计，然而，由于流动人口子女内部较强的异质性,使用 PSM 估计的平均处理效应可能无法全面反映家庭迁移对不同类型流动人口子女教育融入结果的影响,因此,本研究还采取分样本的方法估计家庭迁移对不同类型流动人口子女教育融入结果的异质性影响。

表 6-8 和表 6-9 分别为不同类型父母迁移对流动人口子女认知和非认知能力影响的匹配结果。由表 6-8 可知,父亲外出有助于提升留守儿童的数学和语文成绩,因为在父亲外出、母亲外出和父母均外出 3 种流动儿童中,仅父亲外出留守儿童的数学和语文成绩明显高于农村本地儿童;父母均外出留守儿童的语文成绩也要显著高于农村本地儿童。由此可见,父母均外出有助于提升留守儿童的语文成绩;而表 6-9 则表明,母亲外出留守儿童的集体融入明显低于农村本地儿童,故母亲外出对留守儿童的集体融入具有负面影响。与农村本地儿童相比,父母均外出流动儿童的心理健康和集体融入水平明显低于前者,因此,父母均外出显著负面影响留守儿童的心理健康和集体融入水平。

表 6-8 父母迁移对不同类型流动人口子女认知能力的影响

	数学成绩	语文成绩	英语成绩	认知测试
父亲外出留守儿童				
ATT	3.638**	4.156***	1.241	0.028
	(1.650)	(1.030)	(1.581)	(0.041)
母亲外出留守儿童				
ATT	-3.205	-2.412	-3.206	-0.034
	(2.826)	(1.938)	(2.629)	(0.068)
父母均外出留守儿童				
ATT	-1.907	1.599*	1.281	0.009
	(1.517)	(0.936)	(1.386)	(0.037)

注:括号内为稳健标准误(Robust Standard Error);控制变量包括个人特征(性别、年龄、民族和前期认知与非认知能力),家庭特征(家庭 SES、社会资本、文化资本)和地区特征(区平均受教育年限、区地理位置和区所在行政区级别);匹配方法为 1 对 1 匹配;*、** 和 *** 分别代表 1%、5% 和 10% 的显著性水平。

表6-9 父母迁移对不同类型流动人口子女非认知能力的影响

	心理健康	集体融入	人际关系	社会交往
父亲外出留守儿童				
ATT	-0.027	-0.021	-0.049	0.032
	(0.046)	(0.048)	(0.043)	(0.034)
母亲外出留守儿童				
ATT	-0.049	-0.157*	-0.053	-0.007
	(0.838)	(0.086)	(0.077)	(0.057)
父母均外出留守儿童				
ATT	-0.081**	-0.168***	-0.061	-0.006
	(0.040)	(0.044)	(0.039)	(0.029)

注：括号内为稳健标准误（Robust Standard Error）；控制变量包括个人特征（性别、年龄、民族和前期认知与非认知能力），家庭特征（家庭SES、社会资本、文化资本）和地区特征（区平均受教育年限、区地理位置和区所在行政区级别）；匹配方法为1对1匹配；*、**和***分别代表1%、5%和10%的显著性水平。

表6-10和表6-11分别给出了不同类型子女迁移对流动人口子女认知和非认知能力的影响。表6-10表明，省内、省际、农村和城市流动儿童的数学、语文和英语成绩大多显著高于与之对应的本地儿童，故子女迁移有助于提升省内、省际和农村流动儿童的数学、语文和英语成绩；而表6-11的结果则表明，除城市流动儿童外，省内流动儿童、省际流动儿童和农村流动儿童的心理健康水平均明显低于农村本地儿童，因此，子女迁移对省内、省际和农村流动儿童的心理健康均具有明显的负面影响；省内流动儿童的心理健康明显高于农村本地儿童，所以子女迁移有助于省内流动儿童人际关系水平的提升。

表6-10 子女迁移对不同类型流动人口子女认知能力的影响

	数学成绩	语文成绩	英语成绩	认知测试
省内流动儿童				
ATT	3.595**	3.156***	2.967*	-0.025
	(1.752)	(1.114)	(1.756)	(0.046)

续表

	数学成绩	语文成绩	英语成绩	认知测试
省际流动儿童				
ATT	5.298***	2.423**	3.453**	0.022
	(1.615)	(1.052)	(1.511)	(0.044)
农村流动儿童				
ATT	5.798***	4.491***	4.914***	0.008
	(1.390)	(0.891)	(1.292)	(0.037)
城市流动儿童				
ATT	3.938**	1.474	4.513**	-0.059
	(1.932)	(1.175)	(1.899)	(0.055)

注：括号内为稳健标准误（Robust Standard Error）；控制变量包括个人特征（性别、年龄、民族和前期认知与非认知能力），家庭特征（家庭 SES、社会资本、文化资本）和地区特征（区平均受教育年限、区地理位置和区所在行政区级别）；匹配方法为 1 对 1 匹配；*、** 和 *** 分别代表 1%、5% 和 10% 的显著性水平。

表 6-11　子女迁移对不同类型流动人口子女非认知能力的影响

	心理健康	集体融入	人际关系	社会交往
省内流动儿童				
ATT	-0.145***	0.030	0.099*	-0.047
	(0.053)	(0.051)	(0.049)	(0.047)
省际流动儿童				
ATT	-0.142***	-0.036	0.007	0.012
	(0.052)	(0.048)	(0.046)	(0.042)
农村流动儿童				
ATT	-0.081*	-0.045	-0.007	-0.024
	(0.042)	(0.040)	(0.039)	(0.036)
城市流动儿童				
ATT	-0.084	-0.029	-0.007	-0.006
	(0.066)	(0.061)	(0.061)	(0.056)

注：括号内为稳健标准误（Robust Standard Error）；控制变量包括个人特征（性别、年龄、民族和前期认知与非认知能力），家庭特征（家庭 SES、社会资本、文化资本）和地区特征（区平均受教育年限、区地理位置和区所在行政区级别）；匹配方法为 1 对 1 匹配；*、** 和 *** 分别代表 1%、5% 和 10% 的显著性水平。

表6-12和表6-13给出了祖父母迁移对不同流动儿童认知和非认知能力的影响。表6-12表明，祖父母迁移有助于提升省际流动儿童的数学成绩，对1.25代流动儿童的数学和语文成绩也有显著的正面作用；而表6-13则表明，祖父母迁移有助于提升省际流动儿童和农村流动儿童的非认知能力。例如，和不与祖父母同住的农村流动儿童相比，与祖父母同住的农村流动儿童拥有更高的心理健康和人际关系水平。此外，祖父母迁移对1.5代流动儿童和1.75代流动儿童的部分非认知能力指标同样具有显著的正面影响。和不与祖父母同住的流动儿童相比，1.5代流动儿童和1.75代流动儿童分别拥有更高的心理健康和人际关系水平。

表6-12 祖父母迁移对不同类型流动人口子女认知能力的影响

	数学成绩	语文成绩	英语成绩	认知测试
省内流动儿童				
ATT	3.421	0.137	1.948	0.082
	(2.616)	(1.679)	(2.678)	(0.076)
省际流动儿童				
ATT	10.915***	1.906	3.896	0.069
	(3.148)	(1.874)	(2.692)	(0.083)
农村流动儿童				
ATT	1.988	1.363	3.363	0.043
	(2.833)	(1.649)	(2.460)	(0.075)
城市流动儿童				
ATT	2.004	-1.536	1.770	0.065
	(3.041)	(1.942)	(3.143)	(0.085)
1.25代流动儿童				
ATT	7.000*	6.280**	4.411	0.195
	(3.946)	(2.990)	(4.340)	(0.119)
1.5代流动儿童				
ATT	-1.846	-2.883	-1.172	0.000
	(3.562)	(2.270)	(3.444)	(0.093)

续表

	数学成绩	语文成绩	英语成绩	认知测试
1.75 代流动儿童				
ATT	7.586	1.036	4.255	0.117
	(4.752)	(3.016)	(5.384)	(0.122)
2 代流动儿童				
ATT	0.085	1.259	-2.941	-0.041
	(3.569)	(2.575)	(3.671)	(0.104)

注：括号内为稳健标准误（Robust Standard Error）；控制变量包括个人特征（性别、年龄、民族和前期认知与非认知能力），家庭特征（家庭 SES、社会资本、文化资本）和地区特征（区平均受教育年限、区地理位置和区所在行政区级别）；匹配方法为 1 对 1 匹配；*、** 和 *** 分别代表 1%、5% 和 10% 的显著性水平。

表 6-13 祖父母迁移对不同类型流动人口子女非认知能力的影响

	心理健康	集体融入	人际关系	社会交往
省内流动儿童				
ATT	0.041	0.103	0.116	0.060
	(0.079)	(0.078)	(0.072)	(0.073)
省际流动儿童				
ATT	0.139	0.006	0.143*	0.017
	(0.096)	(0.084)	(0.085)	(0.082)
农村流动儿童				
ATT	0.210**	-0.048	0.133*	0.044
	(0.083)	(0.074)	(0.689)	(0.063)
城市流动儿童				
ATT	0.013	0.002	0.009	0.081
	(0.105)	(0.083)	(0.082)	(0.082)
1.25 代流动儿童				
ATT	0.113	-0.095	0.211	-0.012
	(0.133)	(0.130)	(0.107)	(0.109)
1.5 代流动儿童				
ATT	0.256**	0.098	0.157	-0.108
	(0.127)	(0.106)	(0.100)	(0.101)

续表

	心理健康	集体融入	人际关系	社会交往
1.75 代流动儿童				
ATT	0.123	-0.061	0.195*	0.018
	(0.117)	(0.120)	(0.114)	(0.110)
2 代流动儿童				
ATT	-0.150	0.090	-0.022	0.095
	(0.123)	(0.119)	(0.118)	(0.106)

注：括号内为稳健标准误（Robust Standard Error）；控制变量包括个人特征（性别、年龄、民族和前期认知与非认知能力），家庭特征（家庭 SES、社会资本、文化资本）和地区特征（区平均受教育年限、区地理位置和区所在行政区级别）；匹配方法为 1 对 1 匹配；*、**和***分别代表 1%、5% 和 10% 的显著性水平。

6.3 本章总结

迁移的一个重要前提是被认为可以为流动人口及其子女带来更好的生活前景，然而，作为流动人口家庭中重要的组成部分，流动人口子女是否能从不同家庭成员的迁移中获益仍然值得商榷。使用中国教育追踪调查（CEPS）的基线数据与 PSM 方法，本章分析了不同家庭成员迁移对流动人口子女教育融入结果的影响，而且还分别分析了父母迁移、子女迁移、祖父母迁移和家庭整体迁移对流动人口子女认知和非认知能力的影响。

使用 PSM 的结果表明，不同家庭成员的迁移对流动人口子女教育融入结果的影响并不相同。首先，父母迁移有助于流动人口子女认知能力的提升，但对非认知能力具有较强的负面影响。与农村本地儿童相比，农村留守儿童拥有更高的语文成绩，但在心理健康、集体融入和人际关系上均明显低于前者。其次，子女迁移提升了流动人口子女的认知能力，但为流动人口子女带来了更多的心理压力。流动儿童的数学、语文和英语成绩要高于农村本地儿童，但心理健康水平要低于农村本地儿童。再次，祖父母迁移对流动人口子女认知能力的提升作用有限，对非认知能力的影响并不明显。与祖父母同住流动儿童的数学成绩更高，但不论是语文、英语和认知测试得分，还是集体融入、人际关系和社会交往均和不与祖父母同住流动儿童无异。最后，在将与祖父母同住流动儿童和城市本地儿童进行对比后发现，家庭整体迁移（即祖父母迁移）有助于缩小流动人口子女在认知和非认知能力方面与城市本地儿童的差距。除英语成绩更佳外，与祖父母同住流动儿童的其他认知和非认知能力指标已经与城市本地儿童无异。①

异质性分析结果给出了更多发现。第一，父亲外出和父母均外出对留守儿童的认知能力具有正面影响，但母亲外出和父母均外出对留守儿童的非认知能力具有负面影响。第二，子女迁移虽然有助于提升省内、省际和农村流动儿童的认知能力，但同时也会对上述流动儿童的非认知能力产生负面影响。第三，祖父母迁移明显提升了省际流动儿童和 1.25 代流动儿童的认知能力，同时，也提升了 1.5 代流动儿童和 1.75 代流动儿童的非认知能力。

---

① 为排除不同的匹配方法对本研究结果的影响，本研究在附表中加入 1 对 5 匹配和卡尺内临近匹配作为 1 对 1 匹配的稳健性检验，结果显示，不同的匹配方法并没有影响本研究得出的主要结果。

第7章 班级同伴与流动人口子女的教育融入结果

7.1 描述性统计（2）

为满足研究方法中的流动儿童比例在不同班级中的随机分布假定，首先，本章对CEPS的基线数据进行了数据清洗。CEPS的一个优势在于包含丰富的分班信息，校领导和班主任问卷中均包含学校/班级详尽的分班信息。使用分班信息，首先，本章将分析样本限定在学校中新生随机或平均分班的班级。其次，为排除学生入学后重新分班的可能，本研究进一步将样本限定在入学后不再重新分班的班级。再次，本研究还是用班主任问卷中的分班信息排除了有过按成绩分班的样本。最后，通过检查本章关注核心变量的分布情况，本研究进一步排除了班级中没有流动儿童的样本。在对CEPS上述样本进行处理后，本章使用的样本包括来自86所学校中215个班级的9 773名学生，其中，流动儿童1 962名，本地儿童7 811名。表7-1给出了本章主要变量的描述性统计结果。

表7-1 本章主要变量的描述性统计结果

	全样本	流动儿童	本地儿童	T-test 流动-本地
认知能力				
数学成绩	79.335	77.563	79.886	-2.317***
	(32.224)	(30.862)	(32.628)	
语文成绩	82.344	81.853	82.577	-0.724
	(21.242)	(20.978)	(21.353)	
英语成绩	80.909	78.180	81.672	-3.492***
	(30.784)	(29.394)	(31.122)	
认知测试	0.056	-0.039	0.087	-0.128***
	(0.893)	(0.873)	(0.894)	
非认知能力				
心理健康	0.030	-0.009	0.038	-0.047*
	(0.938)	(0.959)	(0.932)	
集体融入	0.089	0.038	0.103	-0.065***
	(0.832)	(0.822)	(0.834)	
人际关系	0.028	-0.009	0.103	-0.048**
	(0.819)	(0.825)	(0.834)	
社会交往	0.077	0.122	0.042	0.048***
	(0.764)	(0.766)	(0.814)	
个人特征				
性别（男生=1）	0.518	0.530	0.516	0.014
	(0.500)	(0.449)	(0.500)	
年龄	14.458	14.368	14.493	-0.125***
	(1.224)	(1.216)	(1.223)	
民族（少数民族=1）	0.116	0.081	0.123	-0.042***
	(0.320)	(0.273)	(0.329)	
户口类型（农业户口=1）	0.465	0.571	0.440	0.131***
	(0.499)	(0.495)	(0.496)	
前期认知能力	2.974	2.933	2.988	-0.055***
	(0.724)	(0.713)	(0.724)	

续表

	全样本	流动儿童	本地儿童	T-test 流动-本地
个人特征				
前期非认知能力	3.230	3.177	3.246	-0.071***
	(0.559)	(0.562)	(0.558)	
家庭特征				
家庭SES				
父亲受教育水平	10.367	9.922	10.485	-0.563***
	(3.356)	(3.081)	(3.409)	
母亲受教育水平	9.644	9.023	9.809	-0.796***
	(3.665)	(3.316)	(3.726)	
父亲职业	0.215	0.182	0.223	-0.041***
(专业类=1)	(0.411)	(0.386)	(0.416)	
母亲职业	0.166	0.112	0.180	-0.068***
(专业类=1)	(0.372)	(0.316)	(0.384)	
家庭收入情况	3.025	3.021	3.049	-0.028*
	(0.556)	(0.487)	(0.570)	
社会资本				
功能性				
家庭督导	0.000	-0.048	0.013	-0.061***
	(0.788)	(0.772)	(0.791)	
家庭沟通	0.000	-0.108	0.030	-0.138***
	(0.921)	(0.951)	(0.910)	
教育期望	15.460	15.114	15.561	-0.447***
	(4.457)	(4.484)	(4.426)	
结构性				
与教师联系	0.000	-0.042	0.013	-0.055***
	(0.702)	(0.686)	(0.703)	
认识家长数	0.782	0.725	0.797	-0.072***
	(0.485)	(0.506)	(0.477)	

续表

	全样本	流动儿童	本地儿童	T-test 流动-本地
家庭结构				
父亲同住	0.774	0.827	0.763	0.065***
	(0.418)	(0.378)	(0.426)	
母亲同住	0.796	0.834	0.787	0.047***
	(0.403)	(0.372)	(0.410)	
祖父母同住	0.281	0.158	0.311	-0.153***
	(0.449)	(0.364)	(0.463)	
兄弟姐妹数量	0.656	0.865	0.599	0.266***
	(0.812)	(0.887)	(0.781)	
文化资本				
书籍数量	3.310	3.268	3.325	-0.057*
	(1.206)	(1.168)	(1.213)	
班级和教师特征				
班级规模	47.317	44.008	48.112	-4.104***
	(13.897)	(14.055)	(13.752)	
班级排名	3.380	3.264	3.414	-0.150***
	(0.988)	(1.026)	(0.972)	
班主任受教育年限	15.939	15.846	16.008	-0.032**
	(0.541)	(8.282)	(7.915)	
班主任教龄	15.931	15.959	15.931	-0.162
	(7.978)	(0.651)	(0.496)	
班主任高级职称	0.173	0.169	0.177	-0.008
	(0.379)	(0.374)	(0.381)	
班级流动儿童同伴平均特征				
流动儿童比例	0.196	0.391	0.147	0.246***
	(0.203)	(0.275)	(0.144)	

续表

	全样本	流动儿童	本地儿童	T-test 流动-本地
班级及教师特征				
平均父母最高受教育年限	10.942 (2.053)	10.929 (1.896)	10.948 (2.090)	-0.021
平均家庭收入情况	3.024 (0.250)	3.073 (0.182)	3.013 (0.261)	-0.060***
平均六年级学习困难程度	2.983 (0.366)	3.047 (0.232)	2.968 (0.387)	0.079***
N	9 773	1 962	7 811	

注：括号内为标准差；数据来源为 CEPS 基线数据；*、** 和 *** 分别代表 1%、5% 和 10% 的显著性水平。

表 7-1 表明，流动儿童的认知和非认知能力的融入情况相对较差。流动儿童的数学成绩、英语成绩和认知测试得分均显著低于本地儿童，语文成绩也低于后者，但并不明显。流动儿童的心理健康、集体融入、人际关系均明显低于本地儿童，只有社会交往水平高于本地儿童；流动儿童的个人特征也比本地儿童差。与本地儿童相比，拥有农业户口的流动儿童更多。另外，流动儿童的前期认知和非认知能力也低于本地儿童。

在家庭特征中，流动儿童家庭 SES 中的父母受教育水平、职业类型和家庭收入比本地儿童低，且社会资本中的功能性和结构性都低于本地儿童。在班级和教师特征中，流动儿童虽然所在班级的规模相对较小，但班级排名和班主任的受教育年限均低于本地儿童；而在班级流动儿童同伴特征中，流动儿童的同伴特征也更差。与本地儿童相比，流动儿童班级中流动儿童的比例更高，且班级中流动儿童平均家庭收入情况更低，六年级时学习困难的情况也高于本地儿童。这意味着，流动儿童有着更差的学业基础、更少的家庭资源和更差的班级特征。

7.2 估计结果

7.2.1 研究方法假设检验

在对模型进行回归前,应先需要对使固定效应模型的假设条件进行检验。本章首先对固定效应的核心假设条件进行检验,即控制固定效应后,流动儿童在不同的班级中是随机分布的,因此,班级流动儿童比例与模型中的个人和家庭特征均不相关。固定效应模型相关性检验结果见表7-2。

表7-2 固定效应模型相关性检验结果

	无控制	年级 固定效应	学校 固定效应	年级×学校 固定效应
个人特征				
性别	0.010	0.009	-0.001	-0.003
	(0.006)	(0.006)	(0.002)	(0.001)
年龄	-0.020***	-0.004	-0.013***	0.002
	(0.007)	(0.016)	(0.004)	(0.002)
少数民族	-0.068*	-0.070*	0.011*	0.004
	(0.036)	(0.035)	(0.006)	(0.003)
农村户口	-0.025	-0.025	-0.002	-0.002
	(0.022)	(0.022)	(0.005)	(0.003)
前期认知能力	-0.015	-0.015	0.000	0.001
	(0.015)	(0.015)	(0.002)	(0.001)
前期非认知能力	-0.022*	-0.029**	0.007***	0.002
	(0.011)	(0.012)	(0.002)	(0.001)
家庭特征				
家庭SES				
父亲受教育水平	0.000	0.000	0.000	0.000
	(0.004)	(0.004)	(0.000)	(0.000)

续表

	无控制	年级 固定效应	学校 固定效应	年级×学校 固定效应
家庭特征				
家庭 SES				
母亲受教育水平	0.000	0.000	0.000	0.000
	(0.004)	(0.004)	(0.000)	(0.000)
父亲职业	-0.005	-0.007	0.001	-0.002
	(0.019)	(0.019)	(0.003)	(0.002)
母亲职业	-0.020	-0.019	-0.004	-0.004
	(0.022)	(0.022)	(0.003)	(0.002)
家庭收入	0.031**	0.028*	0.002	-0.001
	(0.015)	(0.015)	(0.002)	(0.001)
社会资本				
功能性				
家庭督导	-0.004	-0.010	0.008***	0.002
	(0.002)	(0.002)	(0.001)	(0.002)
家庭沟通	-0.016***	-0.017***	0.002***	-0.001
	(0.002)	(0.002)	(0.001)	(0.001)
教育期望	-0.004	-0.005	0.001***	0.000
	(0.002)	(0.002)	(0.000)	(0.000)
结构性				
与教师联系	-0.016***	-0.014***	-0.001	-0.001
	(0.004)	(0.003)	(0.001)	(0.001)
认识家长数	-0.025***	-0.025***	-0.002	-0.002
	(0.005)	(0.005)	(0.002)	(0.002)
家庭结构				
父亲同住	0.051***	0.050***	-0.001	0.000
	(0.005)	(0.005)	(0.002)	(0.002)
母亲同住	0.032***	0.033***	0.000	-0.001
	(0.005)	(0.005)	(0.002)	(0.002)
祖父母同住	-0.047***	-0.048***	-0.002	-0.002
	(0.005)	(0.005)	(0.002)	(0.001)

续表

	无控制	年级 固定效应	学校 固定效应	年级×学校 固定效应
社会资本				
结构性				
兄弟姐妹数量	0.007 (0.019)	0.007 (0.019)	0.002 (0.002)	0.000 (0.002)
文化资本				
书籍数量	0.003 (0.012)	0.002 (0.012)	0.001 (0.002)	0.000 (0.001)

注：表中的因变量为班级流动儿童比例，自变量为个人和家庭特征；表中数值分别来自 56 个模型的回归结果；*、** 和 *** 分别代表 1%、5% 和 10% 的显著性水平。

表 7-2 中，第二、第三、第四和第五列分别是不控制固定效应，仅控制年级固定效应，仅控制学校固定效应和控制年级×学校固定效应的回归结果。表 7-2 第五列的结果显示，在控制年级×学校固定效应后，模型中的个人与家庭特征均与班级流动儿童比例无关，故使用固定效应模型的核心假设得到满足。此外，即使流动儿童在不同班级中是随机分布的，不同教育资源（如班级特征和教师质量差异）仍然会威胁到固定效应模型估计的有效性。为证实教育资源在本章使用的样本中是否是随机分配的，本研究进一步考察了班级移民比例、班级学生父母平均教育水平、班级学生家庭平均收入和班级学生平均学习难度是否与班级和班主任特征有关，所得的结果呈现在表 7-3 中。

7.2.2 基准模型回归结果

教育生产函数理论指出，同伴影响是决定个人教育产出的重要因素，然而，已有研究中并未就移民/流动人口子女同伴的影响效应得出一致结论。在对样本中班级流动儿童随机分布和班级资源随机分配的假设进行证实后，本研究使用固定效应模型估计班级流动儿童同伴对流动儿童教育融入结果的影响。表 7-3 和表 7-4 分别为班级流动儿童同伴对流动儿童认知和非认知能力的影响。

表7-3 班级流动儿童同伴对儿童认知能力的影响

	数学成绩	语文成绩	英语成绩	认知测试
全样本				
班级流动儿童比例	4.289	-7.079**	-3.070	-0.500**
	(6.798)	(2.927)	(4.841)	(0.247)
R^2	0.532	0.709	0.643	0.352
n	6 750	6 748	6 748	6 911
流动儿童				
班级流动儿童比例	-9.746	-7.008*	-2.886	-0.470
	(12.56)	(3.892)	(7.301)	(0.286)
R^2	0.590	0.766	0.696	0.366
n	1 263	1 262	1 261	1 304
本地儿童				
班级流动儿童比例	5.606	-8.681*	-6.336	-0.764*
	(9.420)	(4.376)	(7.708)	(0.419)
R^2	0.530	0.706	0.639	0.361
n	5 477	5 476	5 477	5 596

注：括号内为聚类到学校层面的稳健标准误；控制变量包括人特征（性别、民族、户口类型和前期学业表现），家庭因素（家庭SES、社会资本和文化资本），班级特征和教师特征（班级规模、班级排名、班主任学历、班主任教龄和班主任职称）；班级流动儿童特征包括流动儿童比例、流动儿童父亲平均学历、流动儿童母亲平均学历和流动儿童平均家庭经济状况；*、** 和 *** 分别代表1%、5%和10%的显著性水平。

表7-3表明，班级流动儿童比例对全样本儿童的认知能力影响为负。在全样本中，班级流动儿童比例显著负面影响语文和认知测试成绩。在分样本中，班级流动儿童比例负面影响流动儿童的语文成绩。在其他条件相同情况下，班级中流动儿童比例每上升10%，则流动儿童的语文成绩下降值为0.701。由此，假设3-1得到部分证实，假设3-3被拒绝。与之对应的，班级流动儿童比例同样负面影响本地儿童的认知能力，但只有语文和认知测试通过了显著性检验，且 P 值均

小于0.05。在其他条件相同情况下，班级中流动儿童比例每上升10%，则本地儿童的语文和认知测试成绩值分别下降0.868和0.076。

表7-4 班级流动儿童同伴对儿童非认知能力的影响

	心理健康	集体融入	人际关系	社会交往
全样本				
班级流动儿童比例	-0.161	-0.061	0.187	-0.063
	(0.265)	(0.181)	(0.144)	(0.130)
R^2	0.129	0.194	0.136	0.342
n	6 730	6 784	6 852	6 703
流动儿童				
班级流动儿童比例	-0.009	-0.182	0.283	-0.523*
	(0.288)	(0.281)	(0.282)	(0.275)
R^2	0.204	0.220	0.173	0.331
n	1 272	1 281	1 291	1 262
本地儿童				
班级流动儿童比例	-0.479	-0.099	0.217	-0.027
	(0.492)	(0.316)	(0.247)	(0.225)
R^2	0.135	0.214	0.146	0.353
n	5 448	5 493	5 550	5 430

注：括号内为聚类到学校层面的稳健标准误；控制变量包括人特征（性别、民族、户口类型和前期学业表现），家庭因素（家庭SES、社会资本和文化资本），班级特征和教师特征（班级规模、班级排名、班主任学历、班主任教龄和班主任职称）；班级流动儿童特征包括流动儿童比例、流动儿童父亲平均学历、流动儿童母亲平均学历和流动儿童平均家庭经济状况；*、**和***分别代表1%、5%和10%的显著性水平。

表7-4为班级流动儿童比例对学生非认知能力的影响。由表7-4可知，在全样本中，虽然系数没有通过显著性检验，但班级流动儿童比例对儿童的心理健康、人际关系和社会交往都具有负面影响，对人际关系则具有正面影响。在分样本中，对流动儿童而言，班级流动儿童比例负面影响流动儿童的社会交往状况，具有显著的负面影响。本研究结果显示，在其他条件相同情况下，班级流动儿童比例每上升

10%,则流动儿童的社会交往水平下降值为 0.052。由此,假设 3-2 得到部分证实,假设 3-4 被拒绝。与之对应的,班级流动儿童比例对本地儿童的心理健康、集体融入和社会交往状况同样为负,而对人际关系的影响则为正,然而,这些系数均没有通过显著性检验。

7.2.3 异质性模型回归结果

班级流动同伴的基准模型表明,班级流动儿童比例仅影响流动儿童的语文成绩和社会交往,然而,流动儿童群体内具有很强的异质性,因此,使用基准模型也难以全面揭示流动儿童同伴对流动儿童教育融入的影响。本研究接下来分析流动儿童同伴效应影响的异质性特征。

由于流动儿童同伴对班级中不同性别学生的影响可能并不相同,首先,本研究分析班级流动儿童同伴对不同性别学生的影响。其次,农村来源和城市来源的流动儿童由于个人背景的影响,所受到的同伴影响可能也并不相同,本研究接下来分析流动儿童同伴对不同来源流动儿童的影响。再次,鲜有研究分析流动儿童同伴对省内和省际流动儿童的影响,所以本研究还对省内和省际流动儿童进行分析。此外,由于不同代际流动儿童在迁入地的融入进程同样存在差异,因此,其所受到的同伴影响同样存在异质性的可能。故本研究也将流动儿童同伴对不同代际流动儿童的影响考虑在内。

与此同时,由于户籍制度的限制,大多数流动儿童难以就读于本地的公办学校。即使能进入公办学校,多数流动儿童也只能进入质量较差的学校就读,因此,就读于不同类型和特征学校的流动儿童本身可能存在差异,本研究接下来分析班级流动儿童同伴在不同性质学校影响的差异性。流动儿童在不同规模城市的分布上存在较大差异,流动儿童同伴的平均效应难以揭示流动儿童对不同规模城市影响的差异性特征,因此,本研究还对流动儿童同伴效应在不同城市规模的异质性进行分析。班级流动儿童同伴对不同流动儿童认知和非认知能力影响的异质性结果分别呈现在表 7-5 和表 7-6 中。

表7-5 班级流动儿童同伴对流动儿童认知能力的异质性影响

	数学成绩	语文成绩	英语成绩	认知测试
性别				
男生	-22.420*	-6.330	-3.028	-1.002***
	(12.090)	(8.487)	(9.395)	(0.350)
R^2	0.666	0.788	0.705	0.411
n	587	586	586	615
女生	-44.440***	-9.937***	-7.964	-0.002
	(15.500)	(3.693)	(7.667)	(0.498)
R^2	0.592	0.786	0.740	0.442
n	658	658	657	671
迁移来源				
农村流动儿童	-33.400**	-7.894	-19.410**	-0.372
	(15.890)	(9.311)	(8.071)	(0.495)
R^2	0.579	0.776	0.678	0.393
n	668	667	666	692
城市流动儿童	17.440	-8.932	25.44	-0.631
	(19.590)	(10.93)	(15.40)	(0.566)
R^2	0.722	0.799	0.771	0.457
n	372	372	372	385
迁移范围				
省内流动儿童	39.990	-2.141	-3.480	-1.394*
	(24.640)	(11.460)	(17.120)	(0.828)
R^2	0.699	0.800	0.757	0.445
n	408	407	408	416
省际流动儿童	-24.600**	-11.690**	-15.170**	0.053
	(10.740)	(5.370)	(6.508)	(0.343)
R^2	0.572	0.749	0.654	0.406
n	626	626	624	653
代际				
1.25代流动儿童	-72.960	-18.800	-34.860*	0.991
	(44.480)	(12.080)	(20.200)	(1.151)

续表

	数学成绩	语文成绩	英语成绩	认知测试
代际				
R^2	0.753	0.848	0.826	0.546
n	237	236	237	245
1.5 代流动儿童	-66.650	13.130	-5.825	0.378
	(74.750)	(11.780)	(20.650)	(0.920)
R^2	0.653	0.804	0.728	0.492
n	253	253	253	269
1.75 代流动儿童	-10.670	-11.650	-12.920	-0.898
	(17.630)	(7.481)	(8.837)	(0.687)
R^2	0.689	0.791	0.736	0.517
n	321	321	320	327
2 代流动儿童	87.910	50.740	14.740	-2.317
	(58.810)	(47.180)	(66.140)	(2.863)
R^2	0.804	0.841	0.738	0.563
n	172	172	171	183
学校类型				
公立学校	-7.180	-0.295	-5.682	-0.217
	(6.763)	(3.702)	(4.742)	(0.302)
R^2	0.569	0.778	0.698	0.672
n	1 099	1 098	1 099	1 098
私立学校	-43.41**	-6.887	-69.18**	-14.81***
	(14.35)	(14.27)	(20.72)	(2.169)
R^2	0.804	0.841	0.738	0.563
n	172	172	171	183
城市规模				
大城市	-11.349*	-19.870***	-13.891**	0.184
	(6.148)	(6.746)	(5.223)	(0.505)
R^2	0.731	0.702	0.823	0.610
n	1 050	1 050	1 050	1 050

续表

	数学成绩	语文成绩	英语成绩	认知测试
城市规模				
中小城市	0.156	-2.081	0.402	-0.954***
	(4.239)	(3.541)	(4.175)	(0.308)
R^2	0.802	0.721	0.671	0.675
n	210	209	210	210

注：括号内为聚类到学校层面的稳健标准误；控制变量包括人特征（性别、民族、户口类型和前期学业表现），家庭因素（家庭SES、社会资本和文化资本），班级特征和教师特征（班级规模、班级排名、班主任学历、班主任教龄和班主任职称）；班级流动儿童特征包括流动儿童比例、流动儿童父亲平均学历、流动儿童母亲平均学历和流动儿童平均家庭经济状况；*、**和***分别代表1%、5%和10%的显著性水平。

表7-5中，班级流动儿童同伴对流动儿童认知能力的影响存在较强的异质性。在流动儿童中，班级流动儿童同伴对男生流动儿童的数学和认知测试成绩具有显著的负面影响，但班级流动儿童同伴对女生流动儿童数学和语文成绩的负面影响似乎更大；流动儿童同伴对流动儿童认知能力的负面影响在农村流动儿童群体中更为明显，班级流动儿童比例负面影响农村流动儿童的语文和英语成绩，对城市流动儿童群体的影响则并没有通过显著性检验。与省内流动儿童相比，省际流动儿童受到流动儿童同伴的负面影响更为明显。班级流动儿童比例明显对省际流动儿童的数学、语文和英语成绩有负面影响。

此外，不同代际流动儿童受到班级流动儿童同伴的影响同样存在差异，1.25代流动儿童的认知能力更容易受到班级流动儿童同伴的负面影响。班级流动儿童比例对1.5代、1.75和2代流动儿童认知能力的影响并不明显。与公办学校相比，就读于私立学校中的流动儿童更容易受到流动儿童同伴的负面影响；而就读于大城市的流动儿童则比就读于中小城市的流动儿童更容易受到流动儿童同伴的负面影响。

表 7-6 班级流动儿童同伴对流动儿童非认知能力的异质性影响

	心理健康	集体融入	人际关系	社会交往
性别				
男生	0.054	-0.096	0.409	-0.635
	(0.417)	(0.353)	(0.486)	(0.466)
R^2	0.266	0.225	0.224	0.346
n	599	600	609	592
女生	0.004	-0.089	0.431	-0.394
	(0.513)	(0.415)	(0.318)	(0.386)
R^2	0.253	0.329	0.255	0.416
n	654	663	664	652
迁移来源				
农村流动儿童	-0.561	0.159	-0.077	-0.443
	(0.462)	(0.456)	(0.344)	(0.520)
迁移来源				
R^2	0.258	0.271	0.263	0.376
n	675	674	686	673
城市流动儿童	0.458	-0.111	0.985**	-0.351
	(0.534)	(0.494)	(0.466)	(0.358)
R^2	0.323	0.304	0.315	0.468
n	372	382	378	366
迁移范围				
省内流动儿童	0.551	-2.238***	-0.760	-0.910
	(1.139)	(0.826)	(0.841)	(0.786)
R^2	0.341	0.336	0.269	0.367
n	409	411	409	398
省际流动儿童	-0.009	-0.040	0.317	-0.486
	(0.388)	(0.438)	(0.472)	(0.424)
R^2	0.280	0.249	0.234	0.388
n	633	635	646	636

续表

	心理健康	集体融入	人际关系	社会交往
代际				
1.25代流动儿童	0.540	-1.686*	-0.023	-0.167
	(1.281)	(0.884)	(0.807)	(0.595)
R^2	0.469	0.469	0.455	0.565
n	241	239	241	238
1.5代流动儿童	-1.729	-2.905**	0.440	-1.225***
	(1.434)	(1.342)	(1.377)	(0.392)
R^2	0.436	0.363	0.318	0.471
n	263	264	266	261
1.75代流动儿童	0.370	-0.032	0.039	0.874
	(0.733)	(0.480)	(0.471)	(1.173)
R^2	0.324	0.371	0.396	0.471
n	319	318	325	318
2代流动儿童	1.565	3.541	3.346	-4.139
	(3.014)	(2.446)	(2.458)	(2.534)
R^2	0.509	0.534	0.515	0.547
n	171	179	180	173
学校类型				
公立学校	-0.163	0.085	0.310	-0.176
	(0.220)	(0.450)	(0.202)	(0.186)
R^2	0.312	0.411	0.366	0.333
n	1 128	1 128	1 129	1 128
私立学校	11.580**	5.290**	13.80***	6.380*
	(3.954)	(1.631)	(1.406)	(2.720)
R^2	0.509	0.534	0.515	0.547
n	171	179	180	173

续表

	心理健康	集体融入	人际关系	社会交往
城市规模				
大城市	1.359***	-0.0354	0.104	-0.618
	(0.481)	(0.589)	(0.676)	(0.649)
R^2	0.324	0.392	0.331	0.331
n	1 050	1 050	1 050	1 050
中小城市	-0.290	0.584	0.632**	-0.310
	(0.451)	(0.617)	(0.300)	(0.327)
R^2	0.302	0.321	0.371	0.375
n	210	209	210	210

注：括号内为聚类到学校层面的稳健标准误；控制变量包括人特征（性别、民族、户口类型和前期学业表现），家庭因素（家庭SES、社会资本和文化资本），班级特征和教师特征（班级规模、班级排名、班主任学历、班主任教龄和班主任职称）；班级流动儿童特征包括流动儿童比例、流动儿童父亲平均学历、流动儿童母亲平均学历和流动儿童平均家庭经济状况；*、**和***分别代表1%、5%和10%的显著性水平。

表7-6中，班级流动儿童同伴对流动儿童非认知能力的影响同样存在异质性。班级流动儿童同伴影响在不同性别的流动儿童间的差异并不明显；班级流动儿童同伴对城市流动儿童的人际关系具有正面影响；班级流动儿童同伴明显对省内流动儿童的集体融入水平产生负面影响，对省际流动儿童的影响并不明显；班级流动儿童同伴的负面影响主要集中在1.25代和1.5代流动儿童，对1.75代和2代流动儿童的影响并不明显。

另外，表7-6的结果还表明，流动儿童同伴影响在不同类型的学校中存在明显差异。在私立学校中，班级中流动儿童比例越高，则流动儿童的心理健康、集体融入、人际关系和社会交往的水平也越高，而在公立学校中并不存在这种现象。流动儿童同伴效应在不同规模的城市间差异同样存在。在大城市中，班级流动儿童同伴对流动儿童的心理健康影响为正；而在中小城市中，流动儿童的人际关系则更容易受到班级流动儿童同伴的正面影响。

7.2.4 班级同伴的中介分析

同伴效应作用机制的探讨有利于加深对同伴效应来源的理解,然而,到目前为止,同伴效应的作用机制分析仍尚未得出一致结论(Lavy 和 Schlosser,2011;Feld 和 Zölitz,2017;Ohinata 和 Van Ours,2013),对移民/流动儿童同伴效应作用机制的研究则更为有限[①]。本研究使用的数据包含丰富的班级信息,为下文分析流动儿童同伴效应的作用机制提供了可能。使用 Feld 和 Zölitz(2017)的方法[②],本研究分别从班级学习氛围、教师教学行为和同伴互动三个角度分析流动儿童同伴效应的作用机制。表 7-7~表 7-9 分别给出相应的检验结果。

表 7-7 班级氛围的中介效应检验结果

	正面学习氛围			负面学习氛围		
	同学友好	氛围良好	参与活动	迟到行为	逃学行为	希望转学
班级流动儿童比例	-0.090* (0.053)	-0.212*** (0.071)	-0.080 (0.095)	1.230*** (0.287)	0.894*** (0.204)	2.585*** (0.502)
R^2	0.103	0.172	0.171	0.082	0.090	0.110
n	8 533	8 519	8 537	8 556	8 560	8 537

注:括号内为聚类到学校层面的稳健标准误;控制变量包括人特征(性别、民族、户口类型和前期学业表现),家庭因素(家庭 SES、社会资本和文化资本),班级特征和教师特征(班级规模、班级排名、班主任学历、班主任教龄和班主任职称);班级流动儿童特征包括流动儿童比例、流动儿童父亲平均学历、流动儿童母亲平均学历和流动儿童平均家庭经济状况;*、** 和 *** 分别代表 1%、5% 和 10% 的显著性水平。

---

① 在仅有的两项研究中,Ohinata 和 Van Ours(2013)指出,移民同伴对本地学生学业表现的影响来自班级氛围的改变;Hu(2018)的研究则强调流动儿童同伴效应来自班级中教师教学方法的调整。

② 该方法的具体做法为:先拿 Y(因变量,学生认知和非认知能力)对 X(自变量,流动儿童比例)回归,然后再拿 Z(机制变量,如班级氛围和同伴互动等)对 X 回归,若发现 X 均明显,那么 X 是通过 Z 影响 Y,则 Z 可以被视为潜在的机制变量。

表 7-8　同伴互动的中介效应检验结果

	与城市流动儿童互动			与农村流动儿童互动		
	共同玩耍	共同学习	互交朋友	共同玩耍	共同学习	互交朋友
班级流动儿童比例	0.636** (0.317)	0.276 (0.286)	0.522 (0.343)	0.453** (0.215)	-0.003 (0.183)	0.550** (0.225)
R^2	0.071	0.081	0.074	0.051	0.072	0.050
n	8 329	8 298	8 138	8 253	8 243	8 105

注：括号内为聚类到学校层面的稳健标准误；控制变量包括人特征（性别、民族、户口类型和前期学业表现），家庭因素（家庭 SES、社会资本和文化资本），班级特征和教师特征（班级规模、班级排名、班主任学历、班主任教龄和班主任职称）；班级流动儿童特征包括流动儿童比例、流动儿童父亲平均学历、流动儿童母亲平均学历和流动儿童平均家庭经济状况；*、**和***分别代表1%、5%和10%的显著性水平。

表 7-9　课堂教学的中介效应检验结果

	教学方法			教学媒体		
	传统讲授	小组讨论	课堂互动	多媒体	因特网	画图/模型/海报等
数学老师						
班级流动儿童比例	0.580** (0.268)	-0.697* (0.367)	-0.325 (0.277)	-1.001* (0.568)	-0.902** (0.432)	-0.498* (0.259)
R^2	0.806	0.901	0.885	0.868	0.824	0.801
n	6 203	6 267	6 263	6 292	6 016	6 131
语文老师						
班级流动儿童比例	0.152 (0.286)	0.0292 (0.376)	-0.196 (0.370)	-0.809* (0.484)	0.175 (0.518)	0.172 (0.494)
R^2	0.729	0.798	0.784	0.911	0.840	0.819
n	6 133	6 280	6 281	6 279	5 715	5 739

续表

	教学方法			教学媒体		
	传统讲授	小组讨论	课堂互动	多媒体	因特网	画图/模型/海报等
英语老师						
班级流动儿童比例	0.179 (0.328)	0.320 (0.443)	−0.179 (0.393)	0.430 (0.634)	−0.152 (0.504)	−0.026 (0.435)
R^2	0.853	0.781	0.750	0.918	0.852	0.846
n	6 557	6 528	6 558	6 503	6 249	6 266

注：括号内为聚类到学校层面的稳健标准误；控制变量包括人特征（性别、民族、户口类型和前期学业表现），家庭因素（家庭SES、社会资本和文化资本），班级特征和教师特征（班级规模、班级排名、班主任学历、班主任教龄和班主任职称）；班级流动儿童特征包括流动儿童比例、流动儿童父亲平均学历、流动儿童母亲平均学历和流动儿童平均家庭经济状况；*、** 和 *** 分别代表1%、5%和10%的显著性水平。

表7-7～表7-9分别是班级氛围、同伴互动和课堂教学中介效应的检验结果。由表7-7～表7-9可知，流动儿童同伴效应的中介途径主要是班级氛围、同伴互动和课堂教学。表7-7表明，班级流动儿童比例减少了班级正面学习氛围（同学友好、氛围良好），增加了班级负面学习氛围（迟到行为、逃学行为和希望转学）。表7-8表明，班级流动儿童比例和与城市儿童共同玩耍呈正相关，与农村流动儿童共同玩耍和互交朋友呈正相关。表7-9表明，班级流动儿童比例负面预测较为先进的教学方法（如小组讨论和课堂互动）及教学媒体（多媒体和画图/模型/海报等）的使用，反而正面预测传统讲授方法的使用。换言之，班级中流动儿童比例越高，教师就越倾向于采用传统讲授式的教学方法，而更少地使用较为先进的教学方法，使用多媒体的次数也更低。由此可知，班级流动儿童同伴影响的中介效应不仅可以来自班级氛围的改变，而且有可能来自同伴互动的增加和教师课堂教学的调整。

7.3　本章总结

通过探索随机分班和使用固定效应模型，本章分析了流动儿童同伴对流动儿童教育结果融入的影响。结果发现，总体而言，班级流动儿童比例负面影响儿童的部分认知能力，对非认知能力的影响则并不明显。这回应了教育生产函数理论中同伴效应对学生教育产出的影响。对流动儿童而言，班级流动儿童比例对流动儿童语文成绩和社会交往具有负面影响。另外，本章还发现班级流动儿童同伴对本地儿童的语文成绩和认知测试成绩具有负面影响，而对非认知能力的影响则并不明显。

本章还发现流动儿童同伴对流动儿童教育融入结果的影响具有较强的异质性。结果表明，在认知能力方面，女生、农村流动儿童、省际流动儿童更容易受到流动儿童同伴的负面影响。流动儿童同伴的负面效应对迁入时间较短的1.25代和1.5代流动儿童的影响更明显。就读于公立学校和大城市的流动儿童更容易受到流动儿童同伴的负面影响。在非认知能力方面，班级流动儿童同伴效应的负面影响在省内流动儿童中影响更大。1.25代和1.5代流动儿童的集体融入和社会交往更容易受到班级流动儿童同伴的负面影响。班级流动儿童同伴对私立学校和中小城市的流动儿童影响更明显。

本章的相关中介分析表明，流动儿童同伴效应的中介机制分别来自班级氛围的改变、同伴互动增加和教师教学行为的调整。在流动儿童比例较高的班级中，班级正面学习氛围，如同学友好和氛围良好的频率更低，班级负面学习氛围，如迟到行为、逃学行为和希望转学的频率更高。此外，流动儿童与不同背景流动儿童同伴共同学习和互交朋友的概率更高。与此同时，班级流动儿童比例越高，教师更多地使用较为传统的讲授式授课方法，而更少地使用包括小组讨论和课堂互动在内较为先进的教学方法，而且使用多媒体和画图/模型/海报等的次数也更少。由此可见，流动儿童同伴的负面影响可能来自班级氛围、同伴互动和教师教学行为的共同影响。

第8章 学校隔离与流动人口子女的教育融入结果

8.1 描述性统计（3）

在分析学校隔离对流动人口子女教育融入结果影响前，本研究先对本章使用的变量进行再次清洗。由于分析的是流动人口迁入到城市地区后面临的学校隔离影响，因此，本章删除了样本中的农村样本。此外，考虑到学校隔离对不同类型流动儿童的影响可能存在差异，本章将流动儿童分为两种主要的类型：城市流动儿童和农村流动儿童。最终，进入本章分析的样本共有11 027人。其中城市流动儿童1 273人，农村流动儿童2 227人，城市本地儿童7 527人。表8-1为本章主要变量的描述性统计结果。

表8-1 本章主要变量的描述性统计结果

	城市流动儿童	农村流动儿童	城市本地儿童
因变量			
认知能力	0.034	-0.066	0.183
	(0.864)	(0.853)	(0.892)
非认知能力	0.174	0.004	0.174
	(1.008)	(1.013)	(1.000)

续表

	城市流动儿童	农村流动儿童	城市本地儿童
个人特征			
男生	0.521	0.536	0.508
	(0.500)	(0.499)	(0.500)
少数民族	0.086	0.060	0.088
	(0.281)	(0.238)	(0.284)
年龄	14.290	14.450	14.390
	(1.201)	(1.241)	(1.168)
迁入时间	8.864	8.679	14.390
	(4.709)	(4.670)	(1.168)
前期认知能力	2.988	2.876	3.054
	(0.702)	(0.700)	(0.702)
前期非认知能力	3.186	3.182	3.237
	(0.571)	(0.528)	(0.574)
家庭特征			
家庭 SES	0.368	−0.257	0.487
	(0.999)	(0.722)	(1.090)
社会资本			
功能性			
家庭督导	0.045	−0.022	0.111
	(0.780)	(0.770)	(0.806)
家庭沟通	0.056	−0.142	0.118
	(0.961)	(0.933)	(0.909)
教育期望	15.660	14.960	15.760
	(4.506)	(4.358)	(4.472)
结构性			
与教师联系	0.084	−0.045	0.045
	(0.686)	(0.692)	(0.695)
认识家长数	0.555	0.553	0.646
	(0.532)	(0.536)	(0.528)

续表

	城市流动儿童	农村流动儿童	城市本地儿童
社会资本			
家庭结构			
父亲同住	0.797	0.831	0.794
	(0.403)	(0.375)	(0.405)
母亲同住	0.806	0.842	0.819
	(0.396)	(0.365)	(0.385)
祖父母同住	0.210	0.159	0.298
	(0.407)	(0.366)	(0.457)
兄弟姐妹数量	0.682	0.980	0.442
	(0.854)	(0.824)	(0.760)
文化资本			
书籍数量	3.538	3.090	3.544
	(1.159)	(1.141)	(1.162)
班级特征			
班级规模	42.700	43.860	49.100
	(12.780)	(13.300)	(12.960)
班级排名	3.313	3.326	3.419
	(1.044)	(1.001)	(0.966)
班主任教龄	15.790	15.610	16.660
	(8.912)	(9.052)	(7.794)
班主任受教育年限	16.060	16.020	16.000
	(0.731)	0.787	0.552
班主任职称	0.165	0.165	0.193
	(0.371)	0.371	0.395
学校特征			
学校隔离			
学校平均 SES	0.265	−0.005	0.302
	(0.560)	(0.429)	(0.600)
城市流动儿童比例	0.142	0.119	0.076
	(0.101)	(0.073)	(0.073)

续表

	城市流动儿童	农村流动儿童	城市本地儿童
社会资本			
学校特征			
农村流动儿童比例	0.208	0.273	0.102
	(0.172)	(0.194)	(0.101)
中介变量			
学校资源及结构			
生师比	12.920	13.520	14.260
	(3.925)	(4.500)	(4.711)
学校排名	3.339	3.318	3.379
	(1.045)	(1.022)	(0.950)
学校性质	0.900	0.809	0.916
	(0.300)	(0.393)	(0.277)
学校位置	0.606	0.499	0.621
	(0.489)	(0.500)	(0.485)
学校实践			
教学氛围			
教师对孩子负责	4.388	4.328	4.386
	(0.742)	(0.762)	(0.734)
教师对孩子有耐心	4.302	4.202	4.265
	(0.744)	(0.801)	(0.782)
重视教学方法	2.584	2.569	2.647
	(0.503)	(0.503)	(0.498)
重视关注不同背景儿童	2.564	2.525	2.546
	(0.532)	(0.543)	(0.533)
纪律氛围			
学生经常逃学	1.361	1.380	1.422
	(0.616)	(0.590)	(0.651)
学校纪律混乱	1.358	1.327	1.406
	(0.609)	(0.566)	(0.694)
学校比较拥挤	1.782	1.689	2.059
	(0.921)	(0.882)	(1.068)

续表

	城市流动儿童	农村流动儿童	城市本地儿童
学校实践			
纪律氛围			
教师流动频繁	1.409	1.513	1.382
	(0.678)	(0.734)	(0.598)
同伴影响			
个体层面			
学习成绩优良	2.402	2.301	2.386
	(0.614)	(0.622)	(0.604)
学习努力刻苦	2.422	2.315	2.418
	(0.629)	(0.653)	(0.626)
想上大学	2.659	2.557	2.679
	(0.581)	(0.617)	(0.559)
逃课、旷课和逃学	1.092	1.111	1.082
	(0.334)	(0.356)	(0.318)
违反校纪被处罚	1.103	1.145	1.112
	(0.341)	(0.393)	(0.358)
退学	1.049	1.076	1.056
	(0.233)	(0.310)	(0.267)
学校层面			
平均同伴正面行为	-0.009	-0.123	0.023
	(0.285)	(0.287)	(0.197)
平均同伴负面行为	0.005	0.058	-0.011
	(0.155)	(0.169)	(0.146)
N	1 273	2 227	7 527

注：平均同伴行为来自学校层面同伴行为的平均分；同伴正面行为来自个人层面同伴学习成绩优良、学习努力刻苦和想上大学的因子得分；同伴负面行为来自个人层面同伴逃课、旷课和逃学、违反校纪被处罚和退学的因子得分。

表8-1表明，城市流动儿童和农村流动儿童在认知和非认知能力融入上表现并不相同。与城市本地儿童相比，城市流动儿童虽然在认知能力上低于前者，但在非认知能力上则与城市本地儿童无异。农村

流动儿童的认知和非认知能力不仅低于城市本地儿童，而且低于城市流动儿童。在个人和家庭特征中，城市流动儿童的大多数指标均明显低于城市本地儿童，而农村流动儿童则更低。与城市本地儿童相比，城市流动儿童和农村流动儿童拥有更低的前期认知和非认知能力，家庭 SES、社会资本和书籍数量也低于城市本地儿童。这表明，两类流动儿童的家庭资源可能少于城市本地儿童。在班级特征中，两类流动儿童仍然比城市本地儿童差。虽然班级规模比城市本地儿童小，但两类儿童的班级排名、班主任教龄和班主任职称均明显低于城市本地儿童。这意味着两类流动儿童所在班级的排名和教师质量要低于城市本地儿童。

此外，表 8 – 1 还表明，农村流动儿童就读学校的学校隔离程度比城市流动儿童就读学校更高。城市流动儿童就读学校的学校 SES 高于农村流动儿童就读学校，但明显低于城市本地儿童。城市流动儿童学校中流动儿童的比例为 35%（其中 14.2% 为城市流动儿童，20.8% 为农村流动儿童）；农村流动儿童就读学校平均 SES 远低于城市本地儿童就读学校，且 39.2% 的不同背景儿童为流动儿童（其中，11.9% 为城市流动儿童，27.3% 为农村流动儿童）。与之相比，城市本地儿童就读学校的 SES 最高，学校中流动儿童的比例也只有两类流动儿童学校的一半。这表明，中国大陆的初中学校中有着程度较高的社会经济和学校户口隔离。

城市流动儿童和农村流动儿童就读学校的学校资源及结构也要比城市本地儿童差。与城市本地儿童相比，城市流动儿童和农村流动儿童就读学校的排名更低，进入公立学校的概率也更低，学校位于市区的概率也低于城市本地儿童。此外，在学校实践方面，虽然两类流动儿童就读学校的学习氛围与本地儿童无异，但纪律氛围要明显低于城市本地儿童所就读的学校。两类流动儿童就读学校不同背景儿童经常逃学、学校纪律混乱、学校比较拥挤和教师流动频繁的可能性都高于城市本地儿童就读学校。在同伴影响方面，城市流动儿童同伴指标大多与城市本地儿童学校无异，但农村流动儿童的同伴特征明显低于城市本地儿童。与城市本地儿童比，农村流动儿童身边同伴正面行为（如学习成绩优良、学习努力刻苦和想上大学）更少；负面行为（如逃课、旷课和逃学、违反校纪被处罚和退学）更多，所在学校的平均正面行为也明显低于城市本地儿童，但平均负面行为则高于城市本地儿童。

8.2 估计结果

8.2.1 基准模型回归结果

本研究首先使用基准模型分析学校隔离对流动儿童认知和非认知能力融入的影响。在基准模型中，本研究对零模型进行估计，然后依次加入个人和家庭特征、班级特征和学校隔离，所得结果分别被置于表8-2和表8-3中。

表8-2 学校隔离对不同背景儿童认知能力的影响

	认知能力		
个人特征			
男生	0.051***	0.052***	0.052***
	(0.016)	(0.016)	(0.016)
少数民族	-0.015	-0.013	-0.005
	(0.033)	(0.033)	(0.032)
年龄	-0.059***	-0.062***	-0.060***
	(0.009)	(0.009)	(0.009)
迁入时间	0.004**	0.004**	0.004**
	(0.002)	(0.002)	(0.002)
前期认知能力	0.190***	0.189***	0.187***
	(0.011)	(0.011)	(0.011)
儿童类型			
城市流动儿童	-0.056***	-0.055**	-0.055**
	(0.022)	(0.022)	(0.022)
农村流动儿童	0.006	0.006	0.007
	(0.027)	(0.027)	(0.028)

续表

		认知能力		
家庭特征				
家庭SES		0.046***	0.045***	0.041***
		(0.010)	(0.010)	(0.010)
社会资本				
功能性				
家庭督导		-0.068***	-0.067***	-0.068***
		(0.009)	(0.009)	(0.009)
家庭沟通		0.014	0.014	0.014
		(0.009)	(0.009)	(0.009)
教育期望		0.019***	0.019***	0.019***
		(0.002)	(0.002)	(0.002)
结构性				
与教师联系		-0.013	-0.013	-0.012
		(0.012)	(0.012)	(0.012)
认识家长数		0.035***	0.034***	0.036***
		(0.011)	(0.011)	(0.011)
家庭结构				
父亲同住		0.014	0.013	0.011
		(0.018)	(0.018)	(0.018)
母亲同住		0.017	0.017	0.016
		(0.022)	(0.022)	(0.022)
祖父母同住		0.008	0.008	0.009
		(0.017)	(0.017)	(0.017)
兄弟姐妹数量		-0.014	-0.014	-0.012
		(0.010)	(0.011)	(0.010)
文化资本				
书籍数量		0.039***	0.039***	0.037***
		(0.006)	(0.006)	(0.006)

续表

	认知能力			
班级特征				
班级规模		-0.003 (0.002)	-0.002 (0.002)	
班级排名		0.084*** (0.019)	0.080*** (0.019)	
班主任教龄		0.003 (0.002)	0.002 (0.002)	
班主任学历		0.000 (0.030)	-0.024 (0.029)	
班主任高级职称		0.037 (0.050)	0.044 (0.049)	
学校特征				
学校隔离				
学校 SES				0.410*** (0.062)
城市流动儿童比例				-0.712** (0.338)
农村流动儿童比例				0.067 (0.186)
个体间差异	0.533	0.495	0.495	0.495
班级间差异	0.078	0.076	0.069	0.068
学校间差异	0.169	0.096	0.089	0.051
个体层面解释比	68.333%	74.213%	75.804%	80.619%
班级层面解释比	10.000%	11.394%	10.567%	11.075%
学校层面解释比	21.667%	14.393%	13.629%	8.306%

注：括号内均为稳健标准误；*、** 和 *** 分别代表 1%、5% 和 10% 的显著性水平。

表 8-2 给出了学校隔离对不同背景儿童认知能力的影响，第一列的零模型回归结果表明，不同背景儿童的认知能力在不同的个体、班级和学校间存在较大差异。21.667% 的认知能力差异产生在不同的学

校之间，其中包括本章关注的学校隔离影响、班级间和个体间差异则分别占总差异的 10.000% 和 68.333%。第二列，控制个体和家庭特征后，学校间差异下降了 43.195%（0.169~0.096）。这表明，认知能力学校差异的近 40% 来自不同背景儿童的不同的个体和家庭特征，而剩下的差异则可被班级和学校特征解释。

另外，第二列还表明，在控制个人和家庭特征后，农村流动儿童与城市本地儿童的认知能力差异已经不再明显。这表明，农村流动儿童与城市本地儿童的认知能力差异是来自个体和家庭特征。城市流动儿童与城市本地儿童的认知能力差异则依然明显。此外，即使在控制个人和家庭特征后，迁入时间对儿童认知能力的影响依然明显为正，印证了经典融入理论中迁入时间的影响，即进入迁入地的时间越长，儿童的认知能力越高。

第三列中加入班级特征后，学校间差异进一步下降 13.682%（0.096~0.089）。当第四列进一步控制学校隔离特征后，认知能力的学校间差异再次降低，为 42.700%（0.089~0.051）。这表明，相对于第三列中考虑个人、家庭和班级特征的结果，学校隔离解释了校间差异中额外近四成。在家庭特征中，家庭 SES（家庭经济资本和人力资本）、社会资本（家庭督导、教育期望和认识家长数）、文化资本同时明显影响儿童的认知能力。在学校社会经济隔离中，学校平均 SES 对不同背景儿童的认知能力具有显著的正面影响（系数为 0.410，$p<0.01$）。平均而言，学校平均 SES 每提升一个标准差，则不同背景儿童的认知能力提升 0.41 个标准差，约等于家庭 SES 的影响（系数为 0.041，$p<0.01$）的 10 倍。换言之，学校平均 SES 对不同背景儿童认知能力的影响远高于家庭 SES 的影响。由此，假设 4-1 得到证实，即学校平均 SES 对流动人口子女的认知能力具有正面影响。

有趣的是，以户口为基础的学校隔离（两类流动儿童比例）对不同背景儿童认知能力的影响并不相同。城市流动儿童比例对不同背景儿童认知能力具有显著的负面影响（系数为 -0.712，$p<0.05$）。这意味着，学校中城市流动儿童比例每上升 10%，则不同背景儿童的认知

能力下降 0.071 个标准差。农村流动儿童比例对不同背景儿童认知能力的影响为正，但并没有通过显著性检验。由此，假设 4-3 得到部分证实，即假设 4-3，那么学校城市流动儿童比例和农村流动儿童比例对流动人口子女的认知能力具有负面影响。

表 8-3 给出了学校隔离对不同背景儿童非认知能力的影响。与表 8-2 中认知能力的回归结果类似，表 8-3 依次给出了零模型、控制个体和家庭特征、控制班级特征和控制学校隔离特征的回归结果。

表 8-3 学校隔离对不同背景儿童非认知能力的影响

	非认知能力		
个人特征			
男生	0.011 (0.018)	0.013 (0.018)	0.013 (0.018)
少数民族	-0.082 (0.039)	-0.081** (0.039)	-0.062* (0.036)
年龄	-0.049*** (0.010)	-0.049*** (0.010)	-0.045*** (0.010)
迁入时间	0.013** (0.006)	0.013** (0.006)	0.010* (0.006)
前期非认知能力	0.284*** (0.020)	0.283*** (0.020)	0.285*** (0.020)
儿童类型			
城市流动儿童	0.037 (0.031)	0.038 (0.031)	0.032 (0.031)
农村流动儿童	0.036* (0.021)	0.036 (0.031)	0.029 (0.021)
家庭特征			
家庭 SES	0.069*** (0.011)	0.064*** (0.011)	0.053*** (0.010)

续表

		非认知能力		
社会资本				
功能性				
家庭督导		0.077***	0.079***	0.079***
		(0.015)	(0.015)	(0.015)
家庭沟通		0.149***	0.148***	0.148***
		(0.012)	(0.012)	(0.012)
教育期望		0.020***	0.013***	0.013***
		(0.002)	(0.002)	(0.002)
结构性				
与教师联系		0.048***	0.047***	0.048***
		(0.016)	(0.016)	(0.016)
认识家长数		0.095***	0.093***	0.098***
		(0.016)	(0.016)	(0.015)
家庭结构				
父亲同住		0.096***	0.096***	0.088***
		(0.026)	(0.026)	(0.026)
母亲同住		0.037	0.028	0.025
		(0.024)	(0.026)	(0.024)
祖父母同住		0.049***	0.048**	0.049***
		(0.018)	(0.026)	(0.018)
兄弟姐妹数量		-0.012	-0.012	-0.006
		(0.011)	(0.011)	(0.011)
文化资本				
书籍数量		0.104***	0.066***	0.062***
		(0.009)	(0.008)	(0.008)
班级特征				
班级规模			-0.002	0.001
			(0.001)	(0.002)
班级排名			0.060***	0.057***
			(0.015)	(0.015)

续表

	非认知能力			
班级特征				
班主任教龄			-0.002	-0.003
			(0.002)	(0.002)
班主任学历			0.049	0.029
			(0.026)	(0.026)
班主任高级职称			0.011	0.013
			(0.044)	(0.040)
学校特征				
学校隔离				
学校 SES				0.277***
				(0.040)
城市流动儿童比例				-0.314
				(0.231)
农村流动儿童比例				0.329**
				(0.133)
个人间差异	0.820	0.735	0.735	0.735
班级间差异	0.083	0.035	0.032	0.033
学校间差异	0.127	0.038	0.031	0.016
个体层面解释比	79.612%	90.965%	92.105%	93.750%
班级层面解释比	8.058%	4.332%	4.010%	4.209%
学校层面解释比	12.330%	4.703%	3.885%	2.041%

注：括号内均为稳健标准误；*、** 和 *** 分别代表1%、5%和10%的显著性水平。

表8-3中，第一列零模型的结果表明，非认知能力中12.330%来自校间差异，班级和个人则分别占总体差异的8.058%和79.612%。第二列给出了控制个人和家庭特征后的结果，非认知能力校间差异由0.127下降至0.038，降幅达70.079%。这表明，约七成的非认知能力校间差异是来自就读学校不同背景儿童的个人和家庭特征。控制个人和家庭特征后，城市流动儿童的非认知能力已经与城市本地儿童没有显著差异，而农村流动儿童的非认知能力甚至高于城市本地儿童。这

表明，个人和家庭特征是两类流动儿童与城市本地儿童非认知能力差距的重要来源。

加入班级特征后，第三列中非认知能力校间差异再次下降，但幅度相对较小（0.038~0.031），而在加入学校隔离变量的第五列中，学校间差异下降幅度达到48.387%。这表明，与第三列相比，学校间差异中有近五成来自社会经济隔离和户口隔离。即使控制了学校隔离特征，个人特征中的迁入时间、家庭特征中的家庭SES、社会资本（家庭督导、家庭沟通、教育期望、与教师联系、认识家长数和家庭结构）、文化资本（书籍数量）依然显著正面预测儿童的非认知能力。在学校隔离特征中，学校平均SES显著正面影响不同背景儿童的非认知能力（系数为0.277，$p<0.01$）。由此假设4-2得到证实，即学校平均SES对流动人口子女的非认知能力具有正面影响。此外，本研究还发现学校平均SES的影响力约为家庭SES作用（系数为0.053，$p<0.01$）的5倍。这表明，学校平均SES对不同背景儿童非认知能力的影响同样远超家庭SES的影响。

在两种学校户口的隔离中，城市流动儿童比例负面影响不同背景儿童的非认知能力，但结果并没有通过显著性检验。农村流动儿童比例则对不同背景儿童的非认知能力具有正面的预测作用。在其他因素相同的情况下，学校中农村流动儿童的比例每上升10%，不同背景儿童的非认知能力相应上升约0.033个标准差。故假设4-4没有得到证实。

8.2.2 异质性模型回归结果

在分析完学校隔离对不同背景儿童非认知能力的影响后，本研究进一步对学校隔离影响的异质性进行了分析。该部分的分析有助于回答："学校隔离对不同儿童的影响是否相同？"及"学校隔离的影响是否具有非线性特征？"。表8-4和表8-5给出了学校隔离对不同背景儿童认知能力和非认知能力影响的异质性结果，表8-6和表8-7则给出了学校隔离对不同背景儿童认知能力和非认知能力的非线性结果。

表8-4 学校隔离对不同背景儿童认知能力影响的异质性结果

控制变量①	认知能力					
儿童类型						
城市流动儿童	-0.055**	-0.055**	-0.055**	-0.055**	-0.056**	-0.055**
	(0.022)	(0.022)	(0.022)	(0.022)	(0.022)	(0.022)
农村流动儿童	0.007	0.007	0.007	0.007	0.006	0.007
	(0.027)	(0.027)	(0.027)	(0.027)	(0.026)	(0.028)
学校隔离						
学校平均SES	0.404***	0.401***	0.423***	0.411***	0.422***	0.416***
	(0.062)	(0.062)	(0.067)	(0.063)	(0.062)	(0.063)
城市流动儿童比例	-0.963**	-0.695**	-1.021*	-0.722**	-0.799**	-0.732**
	(0.422)	(0.341)	(0.524)	(0.340)	(0.330)	(0.334)
农村流动儿童比例	0.184	0.095	0.130	0.040	-0.140	-0.071
	(0.206)	(0.196)	(0.214)	(0.206)	(0.249)	(0.256)
不同背景儿童类型*学校隔离						
城市流动儿童*学校平均SES	0.267					
	(0.173)					
农村流动儿童*学校平均SES		0.164				
		(0.322)				
城市流动儿童*城市流动儿童比例			0.504			
			(0.459)			
城市流动儿童*农村流动儿童比例				0.127		
				(0.294)		
农村流动儿童*城市流动儿童比例					1.526*	
					(0.867)	
农村流动儿童*农村流动儿童比例						0.319
						(0.268)
个体间差异	0.495	0.495	0.495	0.495	0.495	0.495
班级间差异	0.068	0.068	0.068	0.068	0.069	0.068
学校间差异	0.049	0.051	0.050	0.051	0.048	0.050

续表

	认知能力					
个体层面解释比	80.882%	80.619%	80.750%	80.619%	80.882%	80.750%
班级层面解释比	11.111%	11.075%	11.093%	11.075%	11.275%	11.093%
学校层面解释比	8.007%	8.306%	8.157%	8.306%	7.843%	8.157%

注：①控制变量包括个人特征（性别、年龄、民族和前期认知能力），家庭特征（家庭SES、社会资本和文化资本），班级特征（班级流动儿童比例、班级规模、班级排名、班主任学历、班主任教龄和班主任职称）；②括号内均为稳健标准误；③ *、** 和 *** 分别代表1%、5%和10%的显著性水平。

表8-5 学校隔离对不同背景儿童非认知能力影响的异质性结果

控制变量①	非认知能力					
儿童类型						
城市流动儿童	0.032	0.032	0.032	0.032	0.031	0.032
	(0.031)	(0.031)	(0.031)	(0.031)	(0.031)	(0.031)
农村流动儿童	0.029	0.029	0.029	0.029	0.029	0.030
	(0.021)	(0.021)	(0.021)	(0.021)	(0.021)	(0.021)
学校隔离						
学校平均SES	0.278***	0.277***	0.281***	0.278***	0.274***	0.273***
	(0.041)	(0.041)	(0.041)	(0.040)	(0.041)	(0.041)
城市流动儿童比例	-0.296	-0.313	-0.395	-0.319	-0.288	-0.294
	(0.244)	(0.232)	(0.319)	(0.231)	(0.235)	(0.237)
农村流动儿童比例	0.320**	0.330**	0.346**	0.314	0.383**	0.440***
	(0.141)	(0.130)	(0.133)	(0.156)	(0.139)	(0.137)
不同背景儿童类型 * 学校隔离						
城市流动儿童 * 学校平均SES	-0.019					
	(0.061)					
农村流动儿童 * 学校平均SES		0.008				
		(0.114)				
城市流动儿童 * 城市流动儿童比例			0.136			
			(0.217)			

续表

	非认知能力					
不同背景儿童类型*学校隔离						
城市流动儿童*农村流动儿童比例			0.077 (0.156)			
农村流动儿童*城市流动儿童比例					−0.400 (0.544)	
农村流动儿童*农村流动儿童比例						−0.256 (0.183)
个体间差异	0.735	0.735	0.735	0.735	0.734	0.734
班级间差异	0.032	0.032	0.033	0.033	0.032	0.032
学校间差异	0.016	0.016	0.016	0.016	0.016	0.016
个体层面解释比	93.870%	93.870%	93.750%	93.750%	93.862%	93.862%
班级层面解释比	4.087%	4.087%	4.209%	4.209%	4.092%	4.092%
学校层面解释比	2.043%	2.043%	2.041%	2.041%	2.046%	2.046%

注：①控制变量包括个人特征（性别、年龄、民族和前期认知能力），家庭特征（家庭 SES、社会资本和文化资本），班级特征（班级流动儿童比例、班级规模、班级排名、班主任学历、班主任教龄和班主任职称）；②括号内均为稳健标准误；③*、**和***分别代表 1%、5% 和 10% 的显著性水平。

由表 8-4 可知，除少数指标外，学校隔离对不同类型儿童认知能力的影响差异并不明显。在所有学校隔离与儿童类型的交互项中，只有第五列中农村流动儿童 × 城市流动儿童比例通过了显著性检验，且系数为正（系数为 1.526，$p<0.10$）。这表明，农村流动儿童能从城市流动儿童比例中获益更多，其他学校隔离指标对不同类型儿童的影响并不存在显著差异。表 8-5 也给出了相似的结论，学校隔离对不同类型儿童非认知能力的影响同样不存在显著差异。这表明，不论是社会经济隔离还是户口隔离，对城市流动儿童、农村流动儿童和城市本地儿童非认知能力的影响均不存在明显差异。

表 8-6 和表 8-7 分别给出了学校隔离对不同背景儿童认知能力和非认知能力影响的非线性结果。由表 8-6 第一列可知，社会经济隔离对不同背景儿童认知能力的影响具有非线性的特征。学校平均 SES[①] 的系数为 -0.117，且通过了显著性检验（$p<0.05$），这表明，学校平均 SES 对不同背景儿童认知能力的影响呈倒 U 形，即，在平均 SES 较低的学校，学校平均 SES 对不同背景儿童认知能力的影响为正，随着学校 SES 的上升，学校平均 SES 对不同背景儿童认知能力的影响逐渐下降，并逐渐变为负面。表 8-7 的结果表明，社会经济隔离对不同背景儿童非认知能力的影响同样存在先正后负的非线性特征[②]。

与表 8-6 中认知能力的结果类似，表 8-7 第一列学校平均 SES[②] 的系数同样为负且显著，但系数更大（系数为 -0.122，$p<0.01$）。这表明，学校平均 SES 对不同背景儿童非认知能力的影响同样呈先正后负的倒 U 形[③]。此外，表 8-7 的结果还表明，户口隔离（尤其是非城市户口）对不同背景儿童非认知能力的影响同样具有非线性。表 8-7 第三列中农村流动儿童比例[②]的系数为负且明显（系数为 -1.480，$p<0.05$），即农村流动儿童比例对不同背景儿童非认知能力的影响也呈现出先正后负的倒 U 形特征。

表 8-6 学校隔离对不同背景儿童认知能力影响的非线性结果

控制变量[①]	认知能力		
学校隔离 (1)			
学校平均 SES (1)	0.441*** (0.061)	0.390*** (0.071)	0.062*** (0.062)

---

① 学校平均 SES 对儿童认知能力影响的转折点为 $-(-0.117)/(2*0.882)=0.133$，约处于学校平均 SES 分布的中游（56.65%）处。

② 同样，学校平均 SES 对儿童非认知能力影响的转折点为 $-(-0.122)/(2*0.316)=0.193$，即学校平均 SES 分布的中游（59.65%）处。

③ 农村流动儿童比例对儿童非认知能力影响的转折点为 $-(-1.148)/(2*1.183)=0.626$，即学校农村流动儿童比例为 62.55% 时。

续表

	认知能力		
城市流动儿童比例（1）	-0.538	0.022	-0.762**
	(0.344)	(1.055)	(0.319)
农村流动儿童比例（1）	-0.060	-0.059	0.537
	(0.201)	(0.266)	(0.400)
学校隔离（2）			
学校平均SES（2）	-0.117**		
	(0.054)		
城市流动儿童比例（2）		-1.788	
		(1.999)	
农村流动儿童比例（2）			-0.826
			(0.564)
个体间差异	0.495	0.495	0.495
班级间差异	0.069	0.068	0.068
学校间差异	0.049	0.051	0.051
个体层面解释比	80.750%	80.619%	80.619%
班级层面解释比	11.256%	11.075%	11.075%
学校层面解释比	7.993%	8.306%	8.306%

注：①控制变量包括个人特征（性别、年龄、民族和前期认知能力），家庭特征（家庭SES、社会资本和文化资本），班级特征（班级流动儿童比例、班级规模、班级排名、班主任学历、班主任教龄和班主任职称）；②括号内均为稳健标准误；③*、**和***分别代表1%、5%和10%的显著性水平。

表8-7 学校隔离对不同背景儿童非认知能力影响的非线性结果

控制变量①	非认知能力		
学校隔离（1）			
学校平均SES（1）	0.316***	0.260***	0.274***
	(0.039)	(0.042)	(0.040)

续表

	非认知能力		
城市流动儿童比例（1）	-0.141	0.343	-0.399*
	(0.231)	(0.637)	(0.228)
农村流动儿童比例（1）	0.201	0.218	1.183***
	(0.138)	(0.172)	(0.375)
学校隔离（2）			
学校平均SES（2）	-0.122***		
	(0.037)		
城市流动儿童比例（2）		-1.613	
		(1.331)	
农村流动儿童比例（2）			-1.480**
			(0.706)
个体间差异	0.734	0.735	0.734
班级间差异	0.033	0.033	0.032
学校间差异	0.014	0.016	0.015
个体层面解释比	93.982%	93.750%	93.982%
班级层面解释比	4.225%	4.209%	4.097%
学校层面解释比	1.793%	2.041%	1.921%

注：①控制变量包括个人特征（性别、年龄、民族和前期认知能力），家庭特征（家庭SES、社会资本和文化资本），班级特征（班级流动儿童比例、班级规模、班级排名、班主任学历、班主任教龄和班主任职称）；②括号内均为稳健标准误；③*、**和***分别代表1%、5%和10%的显著性水平。

8.2.3　学校隔离的中介分析

在分析完学校隔离对不同背景儿童认知和非认知的影响及其异质性后，接下来的问题是："学校隔离的影响究竟从何而来"，然而，已有文献中并未得出一致结论。如Betts, Reuben和Danenberg（2000）认为，学校隔离的影响主要来自学校中教育资源的差异，因为在低SES学校中很难看到高质量的教师和充足的生均经费。Palardy（2013）则认为，学校隔离的影响主要来自同伴影响和学校实践。Palardy,

Rumberger 和 Butler（2015）在研究中也发现，学校隔离影响的重要来源在于同伴影响和学校实践，而非学校资源。

为回答学校隔离影响的来源问题，本研究使用逐步增加变量的方法分析学校隔离的中介效应。第一个模型中，本研究首先加入学校资源及结构特征，包括师生比、学校排名和学校性质等。第二个模型中则依次加入包括教学氛围和纪律氛围的学校实践变量。第三个模型中则继续加入个人和学校层面的同伴影响。所得结果分别呈现在表8-8和表8-9中。

表8-8 学校隔离对不同背景儿童认知能力影响的中介分析

控制变量[①]	认知能力		
学校隔离			
学校平均 SES	0.252**	0.243***	0.162*
	(0.098)	(0.091)	(0.084)
城市流动儿童比例	-0.864*	-0.891*	-0.909**
	(0.471)	(0.473)	(0.445)
农村流动儿童比例	0.076	0.071	0.167
	(0.307)	(0.276)	(0.244)
学校资源及结构			
生师比	0.003	0.007	0.005
	(0.008)	(0.008)	(0.008)
学校排名	0.056***	0.049	0.020
	(0.022)	(0.069)	(0.073)
学校性质	0.022	0.090	-0.002
	(0.135)	(0.122)	(0.102)
学校位置	0.074	0.063	0.091
	(0.081)	(0.075)	(0.067)
学校实践			
教学氛围			
教师对孩子负责		0.018	0.011
		(0.068)	(0.058)
教师对孩子有耐心		0.131	0.123
		(0.079)	(0.077)

续表

		认知能力	
	学校实践		
	教学氛围		
	重视教学方法	0.000 (0.083)	-0.011 (0.083)
	重视关注学生	0.047 (0.062)	0.069 (0.057)
	纪律氛围		
	学生经常逃学	-0.078 (0.056)	-0.050 (0.052)
	学校纪律混乱	-0.035 (0.072)	-0.030 (0.066)
	学校比较拥挤	-0.068* (0.039)	-0.054 (0.038)
	教师流动频繁	0.098* (0.053)	0.091* (0.048)
	同伴影响		
	学习成绩优良		0.036** (0.017)
	学习努力刻苦		-0.011 (0.014)
	想上大学		0.049*** (0.014)
	逃课、旷课和逃学		-0.049 (0.031)
	违反校纪被处罚		-0.043* (0.028)
	退学		-0.059** (0.028)
	平均同伴正面行为		0.219 (0.202)

续表

学校实践	认知能力		
同伴影响			
平均同伴负面行为			-0.362
			(0.259)
个体间差异	0.490	0.490	0.487
班级间差异	0.081	0.082	0.081
学校间差异	0.051	0.038	0.032
个体层面解释比	78.778%	80.328%	81.167%
班级层面解释比	13.023%	13.443%	13.500%
学校层面解释比	8.199%	6.230%	5.333%

注：①控制变量包括个人特征（性别、年龄、民族和前期认知能力），家庭特征（家庭 SES、社会资本和文化资本），班级特征（班级流动儿童比例、班级规模、班级排名、班主任学历、班主任教龄和班主任职称）；②括号内均为稳健标准误；③*、** 和 *** 分别代表 1%、5% 和 10% 的显著性水平。

表 8-8 给出了学校隔离对不同背景儿童认知能力影响的中介分析结果。由表 8-8 可知，学校社经地位隔离和学校户口隔离对不同背景儿童认知能力的影响效应主要是来自学校资源及结构和同伴影响，而非学校实践。第一列只增加学校资源及结构特征，学校平均 SES 的影响下降了 38.537%（由 0.410 下降至 0.252，且 $p<0.05$），城市流动儿童比例的负面影响则增加了 17.593%（由 -0.712 上升至 -0.864，$p<0.10$），农村流动儿童比例的影响虽然同样有所上升，但依然没有通过显著性检验。

表 8-8 中，在第一列的基础上，第二列进一步控制了学校实践特征后发现，学校平均 SES 的影响仅下降了 3.571%（由 0.252 下降至 0.243，且 $p<0.01$），城市流动儿童比例的影响有所上升，但幅度相对较小，仅为 3.030%；第三列在第二列的基础上进一步控制了个人同伴影响和学校平均同伴影响后发现，学校平均 SES 的影响再次下降了 33.333%（由 0.243 下降至 0.162，$p<0.10$），城市流动儿童比例的负

面影响则由 -0.891 上升至 -0.909，幅度约为 1.980%，农村流动儿童比例的影响依然没有通过显著性检验，因此，社会经济和学校户口隔离的影响除主要来自学校资源及结构外，还有较大的一部分是来自同伴效应的影响。

表 8-9 学校隔离对不同背景儿童非认知能力影响的中介分析

控制变量①	非认知能力		
学校隔离			
学校平均 SES	0.155***	0.150***	0.117***
	(0.033)	(0.026)	(0.029)
城市流动儿童比例	-0.188	-0.121	-0.128
	(0.160)	(0.152)	(0.137)
农村流动儿童比例	0.208**	0.244**	0.300**
	(0.093)	(0.097)	(0.082)
学校资源及结构			
生师比	-0.011***	-0.009**	-0.009**
	(0.003)	(0.004)	(0.004)
学校排名	0.026	0.037**	0.019
	(0.023)	(0.018)	(0.021)
学校性质	0.050	0.073	0.048
	(0.055)	(0.057)	(0.052)
学校位置	-0.046	-0.037	-0.022
	(0.027)	(0.023)	(0.024)
学校实践			
教学氛围			
教师对孩子负责		0.012	0.006
		(0.012)	(0.020)
教师对孩子有耐心		0.006	0.009
		(0.029)	(0.028)
重视教学方法		0.053*	0.042
		(0.031)	(0.029)

续表

		非认知能力	
学校实践			
教学氛围			
重视关注学生		-0.028 (0.023)	-0.018 (0.022)
纪律氛围			
学生经常逃学		-0.076* (0.030)	-0.063* (0.028)
学校纪律混乱		0.043 (0.030)	0.043 (0.027)
学校比较拥挤		-0.007 (0.016)	-0.014 (0.016)
教师流动频率		0.054** (0.021)	0.047** (0.021)
同伴影响			
学习成绩优良			0.047*** (0.011)
学习努力刻苦			0.046*** (0.011)
想上大学			0.028*** (0.010)
逃课、旷课和逃学			-0.036 (0.022)
违反校纪被处罚			-0.022 (0.020)
退学			-0.022 (0.026)
平均同伴正面行为			0.141* (0.083)
平均同伴负面行为			-0.049 (0.080)

续表

	非认知能力		
个体间差异	0.293	0.293	0.289
班级间差异	0.012	0.012	0.011
学校间差异	0.006	0.004	0.004
个体层面解释比	94.212%	94.822%	95.066%
班级层面解释比	3.859%	3.883%	3.618%
学校层面解释比	1.929%	1.294%	1.316%

注：①控制变量包括个人特征（性别、年龄、民族和前期认知能力），家庭特征（家庭SES、社会资本和文化资本），班级特征（班级流动儿童比例、班级规模、班级排名、班主任学历、班主任教龄和班主任职称）；②括号内均为稳健标准误；③*、**和***分别代表1%、5%和10%的显著性水平。

表8–9则给出了学校隔离对不同背景儿童非认知能力影响的中介效应分析结果。由表8–9可知，学校隔离对不同背景儿童非认知能力影响的中介效应同样主要来自学校资源及结构和同伴影响。第一列中，控制学校资源及结构特征后，学校平均SES的影响由表8–3中的0.277下降至0.155（$p<0.01$），下降幅度约为44.043%。农村流动儿童比例的正面影响则由0.329下降至0.208，下降幅度约为36.778%。在第二列中，进一步控制包括学校学习氛围和纪律氛围的学校实践后发现，学校平均SES的影响仅下降3.226%（由0.155下降至0.150，$p<0.01$），农村流动儿童比例的影响则由0.208上升至0.244，上升幅度为14.754%；

表8–9的第三列在第二列的基础上进一步加入个人同伴影响和学校平均同伴影响。结果发现，学校平均SES的影响继续下降，下降的幅度约为22%（从0.150至0.117，$p<0.01$）。农村流动儿童比例的影响则由0.244上升至0.300，上升幅度约为18.667%。虽然城市流动儿童比例的影响为负，但依然没有通过显著性检验。由此可知，学校隔离的影响主要是通过学校资源结构和同伴影响，而非学校实践。

8.3 本章总结

学校隔离一直是影响不同背景儿童发展的重要因素。本章关注学校社经地位隔离和学校户口隔离对流动儿童认知和非认知能力的影响。本章首先使用学校平均 SES 分析学校社经地位隔离的影响。另外，为进一步区分学校户口隔离的影响，本章还将学校户口隔离进一步区分为非农业户口和农业户口，使用学校中城市流动儿童比例和农村流动儿童比例分别分析上述两类学校户口隔离的影响。除分析学校隔离的平均效应外，本章还对不同学校隔离的异质性和中介因素进行了分析。

与经典融入理论和分割融入理论的论断相同，本章发现，流动人口子女的融入结果不仅受到个人和家庭特征的影响，还受到迁入地学校隔离的影响。学校平均 SES 正面影响不同背景儿童的认知和非认知能力。城市流动儿童比例对不同背景儿童的认知能力具有负面影响，但对非认知的影响则并不明显。农村流动儿童比例对不同背景儿童非认知能力具有正面的预测作用，但对认知能力的影响则并没有通过显著性检验。

异质性结果表明，除极少数指标外，学校隔离对流动儿童与城市本地儿童认知和非认知能力的影响效应没有显著差异。与城市本地儿童一致，流动儿童同样受到学校平均 SES、城市流动儿童比例和农村流动儿童比例的影响，然而，不论是学校社经地位隔离还是学校户口隔离，都表现出了非线性的特点。学校平均 SES 对不同背景儿童的认知和非认知能力的影响具有先正后负的特征。学校中，农村流动儿童比例同样对不同背景儿童非认知能力表现出先正后负的特点。中介分析结果表明，两类学校隔离的影响主要是来自学校资源结构和同伴影响，而非学校实践。

上述结果表明，学校隔离对不同背景儿童的认知和非认知能力具有重要影响。与本地儿童一样，流动儿童同样会受到学校隔离的影响。由于流动儿童进入低平均 SES 和高流动儿童比例学校的可能性更大，因此，更容易受到学校隔离的影响。

第9章 总结

在过去的三十多年里，伴随着政治体制改革、经济快速增长和城镇化进程的推进，中国大陆发生了大规模的人口内部迁移。这场人口迁移的规模之巨大，不仅在中国大陆历史上是空前的，而且在人类的历史上也是史无前例的。截至 2015 年 10 月 1 日，中国大陆流动人口规模已经超过 2.47 亿，且仍有上升趋势，然而，由于传统城乡二元经济结构和户籍制度的限制，大量进入城市地区的流动人口难以享受与本地居民相同的公共服务，而且流动人口的子女也难以拥有与本地儿童相同的受教育机会，流动人口子女的教育融入问题由此成为社会关注的焦点。

在流动人口规模不断增加的现实背景下，流动人口子女的受教育权益受到教育财政和户籍制度的双重影响。为解决流动人口子女的教育问题，中央政府制定了一系列涉及流动儿童义务教育供给的政策，逐渐形成了以流入地区县级政府负担为主的"两为主"状况，然而，由于不同县区的财政收入差异巨大，流动儿童集中的区县政府仍然难以承担流动儿童教育的财政责任。另外，由于受教育机会与户籍制度紧密相关，缺乏当地户口的流动人口家庭仍然难以让子女就读于当地公办学校，就读于高质量公办学校的流动人口子女比例更低。此外，随着近年来特大城市人口调控政策的出台，在迁入地接受义务教育的门槛大幅提升。许多流动人口子女无法在流入地接受义务教育，只能选择在远离市区的郊区就读。还有一部分流动儿童则被迫返回家乡，形成新的留守儿童问题。另外流动人口子女的教育融入进程也受到极大挑战。

由此，流动人口子女的教育融入问题成为人口迁移和城乡教育资源差异的一个缩影。由于政府在农村及中小城镇提供的教育服务难以满足流动人口家庭的需要，流动人口可能通过用脚投票的方式携带子女到流入地接受质量更高的教育。从家庭视角分析迁移活动对流动人口子女的影响，以及在现有的户籍制度和教育财政制度下分析流动儿童在流入地的教育融入状况及其影响因素成为本研究重点探讨的问题。

为此，使用全国性的代表数据，首先，本研究从整体上对中国大陆流动人口子女在认知和非认知能力方面的融入现状进行了分析。其次，从家庭视角出发，本研究使用倾向得分匹配方法分析了不同类型家庭迁移对流动人口教育融入结果的影响。旨在揭示中国大陆人口迁移的大背景下，家庭迁移对流动人口子女教育融入结果的影响。再次，基于班级视角，本研究还结合随机分班的固定效应模型分析了班级同伴对流动人口子女教育融入结果的影响。除分析班级同伴对流动人口子女教育融入结果影响的平均效应和异质性外，本研究还深入分析了班级同伴影响的中介效应，从而试图揭示班级同伴影响的作用机制。最后，回归学校视角，本研究使用多层线性模型分析了学校隔离对流动人口子女教育融入结果的影响。另外，在分析学校社经地位隔离和学校户口隔离的平均影响后，本研究还分析了上述两类学校隔离影响的非线性特征，并以此为基础，研究同样对学校隔离有影响的中介因素，探讨了学校隔离作用的影响来源。

9.1 研究结果

结合第 4 章的研究框架和第 5 至 8 章的研究结果，本研究将相应的研究结果标注到研究框架上，图 9-1 是标注研究结果后的研究框架图。

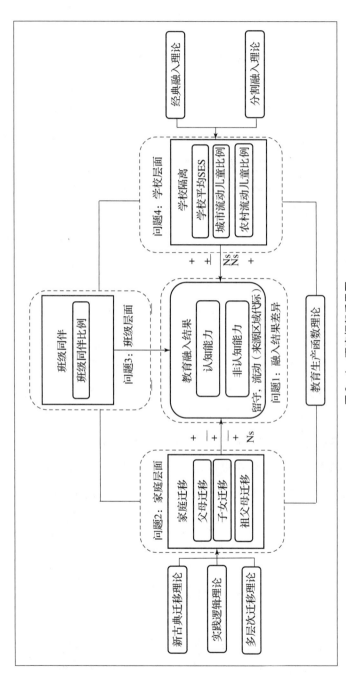

图 9-1 研究框架反思图

（1）整体而言，中国大陆地区流动人口子女的教育融入水平不高，在认知和非认知能力上与本地子女具有较大差距。

在认知能力方面，流动儿童的四项认知能力指标（数学、语文、英语和认知测试）水平要高于留守儿童，但仍低于城市本地儿童。留守儿童的认知能力水平不仅低于流动儿童和城市本地儿童，而且低于农村本地儿童。与之类似，在非认知能力方面，流动儿童的非认知能力同样高于留守儿童，但仍低于城市本地儿童。留守儿童的各项非认知能力指标（心理健康、集体融入、人际关系和社会交往）水平不仅低于流动儿童，而且低于农村本地儿童。这表明，包括流动和留守儿童在内的流动人口子女的认知和非认知能力整体偏低，且留守儿童最低。

分样本中，与已有国际移民研究相似，流动人口子女的教育融入结果同样受到迁移来源、迁移距离和迁移时间等因素的影响。就不同来源的流动人口子女的教育融入结果而言，城市流动儿童的教育融入情况相对较好，农村流动儿童则相对较差。假设1-1得到证实。这与国际研究中跨国移民子女的教育融入的结果类似（Schoellman，2011），即迁移来源不仅会影响跨国移民子女的教育融入结果，同样也会对国内迁移的流动人口子女教育融入结果造成影响。

不同迁移距离流动人口子女的教育融入结果同样存在差异。本研究结果显示，省际流动儿童的认知能力要高于省内流动儿童，省内流动儿童的非认知能力要高于省际流动儿童。假设1-2得到证实。这与国际移民研究中国内和国际移民子女的教育融入结果具有差异相符（Kandel and Kao，2001）。不同的迁移距离不仅意味着迁移的经济成本差异，还可能意味着原有文化和生活习惯的差异，这些都会影响到流动人口子女的教育融入结果。

与国际移民研究中移民迁移时间对子女教育融入结果影响的研究类似（Portes and Rumbaut，1996），本研究同样发现，流动人口子女的教育融入结果受到迁移时间的影响。2代流动儿童的教育融入状况最好，1.75代流动儿童其次，1.5代流动儿童再次，1.25代流动儿童的教育融入状况最差。假设 1-3 得到证实。这意味着迁入时间越长,流动人口子女的教育融入结果越好。

(2) 家庭层面,不同类型的家庭迁移对流动人口子女教育融入结果的影响并不一致。

父母迁移对留守儿童认知能力的提升作用相对较小,对非认知能力却具有较强的负面影响,假设 2-1 得到证实。本研究结果显示,家庭迁移的影响可以被实践逻辑理论所解释。父母迁移对认知能力的正面影响可能来自家庭经济资本的提升。父母迁移带来的家庭收入上升提升了家庭经济资本,这有助于为子女提供更多学习资源和教育机会,从而促进子女认知的发展。父母迁移对非认知能力的负面影响则可能意味着社会资本中家庭结构的破坏,从而降低了留守儿童的非认知能力。

子女迁移对流动儿童的认知能力具有显著的促进作用,但对部分非认知能力有负面影响,假设 2-2 得到证实。与农村本地儿童相比,两类流动儿童的数学、语文、英语和认知测试成绩更高,但只有前三项通过了显著性检验。子女迁移对认知能力的提升作用可能来自流入地更为优秀的教育资源和更高的生活条件,这些因素都有助于提升流动人口子女的认知能力。在非认知能力方面,两类流动儿童的心理健康、集体融入和人际关系比农村本地儿童低,但只有心理健康通过了显著性检验。该结论也与 Xu 等(2018)的结果相一致。而子女迁移对非认知能力的负面影响同样与流入地的特征有关,流动人口子女在迁入地可能面临更多歧视和排斥,原有朋友圈的改变可能为他们带来更多的心理压力。

祖父母迁移对流动儿童认知能力的正面影响相对有限,对非认知能力的影响却并不显著,假设 2-3 得到部分证实。与祖父母同住的流动儿童数学成绩更佳,但在语文、英语和认知测试上相较于不与祖父母同住的流动儿童无异。祖父母对认知能力的正面作用相对有限可能是因为祖父母的经济和文化资本比较有限,难以为流动儿童提供经济支持和课业辅导。在非认知能力方面,祖父母迁移似乎并没有明显提升流动儿童的非认知能力。与祖父母同住流动儿童的心理健康、集体融入、人际关系和社会交往相较于不与祖父母同住流动儿童无异。祖父母迁移对非认知能力影响不明显可能是由于祖父母与流动儿童在习惯、思维观念和生活方式上的差异，祖父母难以与流动儿童建立有效互动，因此，难以有效促进后者非认知能力的发展。

家庭整体迁移有助于促进流动人口子女认知能力和非认知能力的融入。假设2-4得到证实。与祖父母同住流动儿童的数学、语文和认知测试成绩已与城市本地儿童没有显著差异，且英语成绩显著高于城市本地儿童，这与Xu和Xie（2015）的分析结果相符。与之对应的，在非认知能力方面，家庭整体迁移同样有助于促进流动人口子女非认知能力的融入。与祖父母同住流动儿童的心理健康、集体融入、人际关系和社会交往均与城市本地儿童没有显著差异。家庭整体迁移不仅提升了流动人口家庭的整体经济收入（即经济资本），更为完整的家庭结构也进一步提升了流动人口家庭的社会资本。这些都有助于促进流动儿童的教育融入，因此，家庭迁移确实有助于缩小流动人口子女与城市本地子女的认知和非认知能力方面的差距。在将不同家庭迁移（父母迁移、子女迁移和祖父母迁移）的作用进行对比后，研究结果显示，子女迁移对流动人口子女的认知能力提升作用最大，仅对非认知能力中心理健康一项指标具有负面影响且影响幅度相对较小。故子女迁移对流动人口子女的教育融入影响作用最大。

（3）班级层面，班级同伴对流动人口子女的教育融入结果具有负面影响。

从整体上看，班级流动儿童同伴对流动儿童的部分认知能力和非认知能力具有负面影响。在认知能力方面，班级流动儿童同伴负面影响流动儿童的语文成绩，对数学、英语和认知测试的影响并不明显。假设3-1得到部分证实，3-3被推翻。在非认知方面，流动儿童同伴负面影响流动儿童的社会交往能力，对其他非认知指标的影响则没有通过显著性检验。假设3-2得到部分证实，3-4被推翻。

分样本回归表明，流动儿童同伴对流动儿童教育融入结果的影响具有较强的异质性。班级流动儿童同伴对流动儿童认知和非认知能力的影响对不同性别、类型、代际、学校性质和地区类型的流动儿童影响并不相同。在认知能力方面，女生、农村流动儿童、省际流动儿童、1.25代和1.5代流动儿童更容易受到流动儿童同伴的负面影响。就读于公立学校和大城市的流动儿童，更容易受到流动儿童同伴的负面影响。在非认知能力方面，班级流动儿童同伴效应的负面影响在省内流动儿童中影响更大。1.25代和1.5代的非认知能力容易受到班级流动儿童同伴的负面影响。班级流动儿童同伴对私立学校和中小城市流动儿童的负面影响更明显。该结论在证实了班级中流动儿童同伴对流动儿童认知和非认知能力影响的异质性的同时，也弥补了目前研究中的空白，对流动儿童同伴影响进行了更为全面的检验。

班级同伴影响的中介分析表明，班级同伴可能影响班级氛围的改变、同伴互动增加和教师教学行为调整的共同影响。分析同伴影响的来源对理解同伴效应的影响极为重要，然而，已有研究中并未就同伴影响的机制达成一致意见。已有研究中，Lavy 和 Schlosser（2011）强调同伴效应对学生成绩的影响主要来自班级中学习氛围的改变。Lavy 等（2012）认为班级中移民同伴的影响主要来自教师教学行为的改变。而 Feld 和 Zölitz（2017）则认为班级中同伴效应主要来自同伴间互动行为的增加。结合已有文献和 CEPS 详尽的教师和班级信息，本研究对流动儿童同伴效应的来源进行了较为深入的探讨。结果发现，在流动儿童比例较高的班级，流动儿童与来自不同背景流动儿童同伴共同学习和互交朋友的概率更高。此外，班级流动儿童比例越高，教师更多地使用较为传统的讲授式授课方法，更少使用包括小组讨论和课堂互动在内的较为先进的教学方法，使用多媒体和画图/模型/海报等的次数也更少，由此，影响了流动儿童在认知和非认知方面的融入结果。该结论与 Ohinata，Van Ours（2013）和 Hu（2013）的研究结果相似，而且也有助于进一步深化移民文献中对流动儿童/内部移民同伴效应作用机制的理解。

（4）学校层面，学校社经地位隔离和学校户口隔离同样是影响流动人口子女教育融入结果的重要因素。

学校平均 SES 正面影响不同背景子女的认知和非认知能力。假设 4-1 和假设 4-2 得到证实。学校平均 SES 对不同背景儿童的认知能力具有明显的正面影响，且影响效应远大于家庭 SES，约为后者影响力的 10 倍。学校平均 SES 同样明显正面地影响不同背景儿童的非认知能力，且影响力约为家庭 SES 作用的 5 倍，同时，这可能也意味着学校 SES 对流动人口子女的认知和非认知能力影响效应远超个别家庭 SES 的影响。考虑到流动儿童大多集中在低 SES 学校中，学校社经地位隔离可能是影响流动儿童教育融入的重要因素。此外，该结果还表明，对于流动人口子女的教育融入而言，学校社经地位的影响远超家庭背景的影响。

城市流动儿童比例和农村流动儿童比例对不同背景子女的认知和非认知能力影响并不相同，但两类流动儿童比例的影响方向在流动儿童和本地儿童间没有差异。假设 4-3 得到部分证实，假设 4-4 没有得到证实。例如，在认知能力方面，城市流动儿童比例对不同背景儿童认知能力具有显著的负面影响。在非认知方面，城市流动儿童比例对不同背景儿童的非认知能力影响并不明显，但农村流动儿童比例则具有正面影响。由此可见，学校户口隔离对流动人口子女教育融入结果的影响也并非统一。

此外，本研究还发现，学校的社经地位和学校户口隔离对流动人口子女融入结果的影响都具有明显的非线性特征。学校平均 SES 对包括流动儿童在内子女的认知和非认知能力影响呈倒 U 形。换言之，学校平均 SES 对儿童的认知和非认知能力影响呈现先正后负的特征，因此，在平均 SES 过高（超过 SES 分布的 0.55 或 0.59 分位后）的学校就读，可能对流动人口子女的认知和非认知能力具有负面影响。与此同时，本研究还发现学校中农村流动儿童比例对包括流动儿童在内不同儿童的非认知能力的影响同样呈现先正后负的倒 U 形关系。故就读于农村流动儿童比例超过 62.25% 的学校同样可能对流动人口子女的非认知能力产生负面影响。学校隔离影响的非线性发现有利于加深对学校隔离作用的理解，也为下文的政策建议部分提供了启示。

学校隔离的中介分析结果表明，两类学校隔离的影响主要是来自学校资源结构（如生师比，学校排名和学校性质等）和同伴影响（同伴正面和负面行为），而非学校实践。已有文献中对学校社经地位隔离影响来源的探讨尚未得出一致的结论（Betts, et al, 2000；Palardy, 2013；Palardy, et al, 2015），而对学校户口隔离作用来源的探讨更是极为有限。本研究发现，中国大陆地区学校社经地位隔离和学校户口隔离的影响可能主要来自学校间资源和结构的差异，以及不同学校中的同伴影响差异，与已有研究并不相同。考虑到流动人口子女通常就读于教学质量相对较低和流动儿童相对集中的学校，便不难理解两类学校隔离对流动人口子女教育融入的影响。

9.2 理论回应

9.2.1 对家庭迁移相关理论的回应

本研究对家庭迁移的分析主要涉及新古典迁移理论、实践逻辑理论和多层次迁移理论。在分析家庭迁移时，新古典迁移理论强调家庭中的成员以个人收入最大化为出发点，分析迁入地和迁出地的收入差异及实现这种收益的可能性，并以此作为个人是否选择迁移的依据，因此，新古典迁移理论主要从个人角度强调迁移对个体收入最大化的影响。本研究在分析家庭迁移对流动人口子女教育融入的影响时，首先考虑流动人口子女的个人特征，结果发现流动人口子女个人的性别、年龄、民族、前期认知能力和前期非认知能力确实是影响子女迁移的重要因素。这证实了新古典迁移理论中个人迁移决策受到个人特征影响的论断，但遗憾的是，使用倾向得分匹配方法只能给出子女迁移对教育融入结果的影响，无法看出上述个人因素（性别、年龄、民族、前期认知和非认知能力）对流动人口子女教育融入结果的影响。

与新古典迁移理论不同，实践逻辑理论认为家庭迁移的决策及产生的影响主要取决于家庭中的资本（经济资本、文化资本和社会资本）、习性及相应的场域。经济资本不仅可以为家庭迁移提供经济支持，还可以为家庭迁移后的子女提供学习资源和教育机会上的帮助。文化资本可以为家庭提供迁移所需的知识、迁入地的文化背景和适应迁入地工作所需的学历文凭等。社会资本则通过家庭内部和家庭外部的关系闭合实现迁移前后对子女发展的监管。此外，习性通常被家庭教育期望衡量，家庭中教育期望越高，家庭通过迁移实现子女教育发展的动力便更加充足。场域不仅包括家庭内部，还可能包括迁入地的学校机构等。家庭对场域中规则掌握的熟练与否也影响着家庭迁移可能带来的结果的好坏。由此可见，实践逻辑理论主要强调家庭层面的影响对迁移决策及结果的影响。

本研究发现，实际逻辑理论强调的家庭收入（经济资本）、父母参与、代际闭合和家庭结构（社会资本）、家中书籍数量（文化资本）和教育期望（习性）确实会对流动人口家庭的父母迁移、子女迁移和祖父母迁移的决策造成明显影响，这与实践逻辑理论中家庭迁移受到家庭中资本和习性的影响一致。虽然同样无法直接看到家庭资本和习性变量对流动人口子女教育融入结果的影响，但本研究尝试将家庭资本和习性的影响用于对父母迁移和祖父母迁移影响的解释。另外，本研究还发现，流动人口子女的父母迁移和祖父母迁移使家庭中原有的经济资本和社会资本发生改变，而资本的改变可能才是导致流动人口子女教育融入结果发生变化的重要原因。

与新古典迁移理论强调个人因素和实践逻辑理论强调家庭因素不同，多层次迁移理论在解释家庭迁移时更加强调地区层面的宏观因素，认为家庭迁移的决策受到迁移结果的影响。首先，多层次迁移理论认为，家庭的迁移决策受到许多非个体因素的影响，如环境、经济、社会与公共管理等。多层次迁移理论首先强调家庭迁移受到迁入地地理因素的影响，认为地理环境（如地理位置、气候和环境舒适度等）是影响家庭迁移的首要因素。其次，多层次迁移理论还强调流入地的经济差异对家庭迁移的影响，认为流入地经济越发达便越可能吸引家庭迁移。最后，多层次迁移理论还强调迁入地的公共服务和社会环境因素影响。迁入地的教育和医疗等公共服务越发达，迁入地人口对外来人口的接受程度越高，就越能吸引流动人口进行家庭迁移，也更有利于流动人口子女在流入地的教育融入。

本研究中分别使用地区平均受教育水平（地区经济和教育发展水平）、地区行政级别（公共服务质量）和地理位置（地理环境）来衡量地区宏观因素。结果发现，上述地区宏观特征对流动人口家庭的家庭迁移决策具有明显影响。地区平均受教育水平越高、地区行政级别越高和地理位置位于东部的流动人口家庭越不可能选择家庭迁移，反之亦然。这也证实了多层次迁移理论中认为家庭迁移受到地区宏观特征影响的论断。与此同时，在解释子女迁移结果的影响时，结合中国大陆巨大的城乡间教育和经济发展水平差异，本研究发现，迁入地与迁出地间教育与公共服务质量的差异可能才是导致流动人口子女迁移在迁移前后教育融入结果出现差异的主要原因。

流动人口家庭迁移不仅受到个人因素的影响，还受到家庭和地区宏观因素的影响，仅使用单一理论很难解释流动人口家庭迁移对流动人口子女教育融入结果的影响，因此，本研究建立了涉及个人、家庭和地区特征的综合分析框架，对家庭迁移对流动人口子女教育融入结果的影响进行分析。本研究发现，虽然新古典迁移理论、实践逻辑理论和多层次迁移理论都可以被用来解释流动人口家庭迁移决策的影响因素，但新古典迁移理论对家庭迁移结果的解释力仍然相对有限，实践逻辑理论和多层次迁移理论则具有更强的解释力。可能的原因在于：一方面，新古典迁移理论更强调个人在迁移前的收益分析，并在收益分析的基础上做出个人是否选择迁移的决策，未能兼顾对迁移决策后的结果的讨论。另一方面，新古典迁移理论中个人收益最大化和实现收益可能难以被测量，而实践逻辑理论和多层次迁移理论强调的家庭资本、习性和地区宏观特征更容易被测量。这也导致新古典迁移理论在理论应用的操作性上不如实践逻辑理论和多层次迁移理论。

9.2.2 对班级同伴相关理论的回应

探讨班级同伴对学生教育产出的影响时,已有研究主要集中于教育生产函数的分析框架。教育生产函数理论认为,学生的教育产出是在资源有效利用的前提下,个人、家庭、学校和社区等因素共同作用的结果(Hanushek,1979,1986)。Coleman 指出,在各种因素中,首先,最重要的便是家庭因素;其次,便是来自同伴因素的影响(Coleman, et al, 1966)。虽然后续的教育生产函数研究也发现同伴因素对学生教育产出具有重要影响,但已有研究中并未对同伴效应的影响方向得出一致结论。此外,移民/流动人口子女同伴效应的作用机制也尚未得出一致的意见,而教育生产过程中,同伴效应作用的影响仍如一个"黑箱"。

本研究基于教育生产函数的分析框架,在控制其他因素后分析班级中流动人口子女同伴对流动子女教育融入结果的影响。

首先,在测量指标上,与传统教育生产函数研究使用学生平均教育产出测量同伴效应不同,本研究使用近期研究中常见的班级同伴比例(研究中操作化为班级流动儿童比例)测量同伴的影响,并发现了流动儿童同伴对流动人口子女教育融入结果指标的负面影响。这一点不仅呼应了教育生产函数中同伴效应对学生教育产出的影响,也对教育生产函数中的移民/流动儿童同伴效应影响方向的争论做出了回应。

其次,在教育生产函数的已有研究中还发现了同伴效应的影响具有较强异质性,即对不同学生的影响并不相同。在为数不多关于流动儿童同伴效应的研究中,Wang 等(2018)分析了班级流动儿童同伴对本地学生学业表现的影响,发现流动儿童同伴对不同学业水平、性别、班级规模孩子的影响并不相同。与已有研究类似,本研究的结果发现班级流动儿童同伴对流动儿童教育融入结果的影响同样具有较强的异质性。例如,女生、农村流动儿童的认知能力更容易受到流动儿童同伴的影响,1.25 代和 1.5 代流动儿童的非认知能力更容易受到流动儿童同伴的影响。这表明,流动儿童同伴的影响取决于流动儿童的性别、迁出地和代际差异。换言之，教育生产函数理论中同伴效应的影响可能与学生性别、来源和代际息息相关，需要结合学生的具体背景进行更加细致的分析。这有助于弥补以往教育生产函数中对同伴效应影响讨论单一化的倾向。

最后，在已有教育生产函数的移民/流动同伴效应机制研究中，不同研究者主要从"班级氛围""同伴互动"和"教师教学行为"三个角度分析移民/流动同伴效应的作用机制。例如，"班级氛围"角度强调班级中移民子女的出现破坏了班级中原有的良好氛围，从而对班级中的其他学生造成负面影响（Ohinata, Van Ours, 2013）；"同伴互动"角度则认为移民对班级中其他学生的影响来自不同学生之间互动行为的增加。这种互动让其他同学接触移民同伴负面行为的概率大幅提升，从而负面影响其他同学的教育结果（Feld, Zölitz, 2017）；"教师教学行为"角度则认为移民/流动儿童同伴进入班级改变了教师的教学行为，这种教学行为的改变间接影响了其他同学的学业发展（Hu, 2013）。本研究尝试同时使用"班级氛围""同伴互动"和"教师教学行为"三个视角分析流动儿童同伴影响的作用机制，结果同时印证了班级流动儿童同伴与上述三个视角的关系。这表明，流动儿童同伴效应作用机制不仅来自班级氛围的改变，还来自班级中同伴互动的增加和教师教学行为的调整，因此，忽视任何一种作用机制可能都无法全面揭示流动儿童同伴效应的作用来源。

9.2.3 对学校隔离相关理论的回应

分析移民子女在迁入地的教育融入时，已有研究主要使用经典融入理论和分割融入理论解释移民子女的教育融入的结果。与国际移民研究相同，本研究使用经典融入理论和分割融入理论解释流动人口子女在迁入地的教育融入结果。

在解释移民及其子女在迁入地的融入时，经典融入理论主要强调迁移时间对移民融入的作用后认为，随着时间的推移或移民代际的增加，移民的教育成就最终会与当地人逐渐相似（Gordon, 1964; Waters and Jiménez，2005）。后续的研究也支持了经典融入理论的论断。例如，有研究发现美国移民子女的教育录取率要低于本地白人子女，随着时间的推移，大多数第二代移民的教育录取率已经达到甚至超过本地白人子女（Jacobs and Greene，1910）。本研究发现，迁入时间确实会影响流动人口子女的教育融入结果。迁入时间越长，流动人口子女的教育融入结果便越好，这证明了经典融入理论中对迁入时间作用的观点，然而，本研究却发现，即使控制了迁移时间，流动人口子女与本地人口子女的认知和非认知能力仍然有所差异，因此，流动人口子女在流入地的教育融入进程还应该受到其他因素的影响。

在后续的研究中，学者们开始使用分割融入理论解释移民及其子女的教育融入结果差异。分割融入理论认为，移民及其子女的教育融入取决于移民的家庭特征（如家庭的人力资本、社会资本和文化资本等）和外部性障碍（在本研究中为学校隔离）的影响。当移民家庭的人力资本和社会资本较高时，则更有助于在迁入地的融入进程；而当外部障碍，如学校隔离的出现时，移民及其子女的教育融入则会受到负面影响，因此，移民及其子女的教育融入取决于家庭特征与外部障碍的相互作用。在本研究中，家庭特征如家庭SES、社会资本和文化资本明显影响流动人口子女的认知与非认知能力。这与分割融入理论中强调家庭背景对移民/流动人口子女教育融入结果影响的观点一致。

此外，本研究的结果还表明，两类学校隔离：学校社经地位隔离（学校SES）和学校户口隔离（城市和农村流动儿童比例）同样影响流动人口子女的教育融入结果，且部分学校隔离影响效应大于家庭背景特征影响。这也与分割融入理论中强调流入地外部障碍的作用一致。与分割融入理论中学校隔离作用不同的是，本研究发现了学校隔离的非线性影响。例如，学校SES对学生认知和非认知的影响呈现先正后负的倒U形特征，农村流动儿童比例的影响与学校SES一致，也出现倒U形特征。就读于平均SES过高的学校可能阻碍了学生的努力程度，因此，降低了学生的认知能力；而就读于农村流动儿童比例过高的学校可能减少了与不同背景同伴互动的可能，因此，对儿童的非认知能力具有负面作用。这表明，学校隔离的影响并非分割融入理论中强调的那样只具有简单的线性影响，不同程度的社经地位和学校户口隔离对流动人口子女教育融入结果的影响并不相同。

与此同时，已有研究中对分割融入理论中学校隔离影响的作用渠道仍然存在争议。相关研究主要集中在"教育资源""同伴影响"和"学校实践"的争论。例如，Betts 等（2000）认为学校隔离的作用主要来自不同学校教育资源的差异，因为低平均社经地位的学校中教师的质量通常更差且生均经费也更低，而 Palardy（2013）的研究却指出，学校隔离的作用机制主要来自不同的同伴影响和学校实践差异。本研究的结果表明，中国大陆地区学校社经地位隔离和学校户口隔离的中介途径主要是学校资源结构差异和同伴的影响，而非学校实践。这不仅进一步回应了分割融入理论中学校隔离作用机制的争论，而且也有助于加深对分割融入理论中学校层面阻碍因素作用机制的理解。

综上，在对家庭迁移、班级同伴和学校隔离相关的理论进行回应后，本研究发现，由于流动人口子女的教育融入结果涉及个人、家庭、班级、学校和地区等多个层面，单独使用某一层面的理论无法对流动人口子女教育融入结果的现状及影响因素进行全面解释。结合本文的综合分析框架，本研究分别从个人层面（整体层面）、家庭层面、班级层面和学校层面四个角度对流动人口子女教育融入结果的现状与影响因素进行了综合分析。这不仅有助于克服传统单一理论解释力有限的缺陷，还有助于更加全面和深刻地理解中国大陆地区流动人口子女的教育融入结果问题。

9.3 政策建议

为解决流动人口子女的教育问题，中国大陆自 20 世纪 90 年代起便出台了一系列政策，由 1992 年《义务教育法》规定流动人口子女可以在流入地申请借读，到 2001 年起逐步形成流动人口子女接受义务教育

"以流入地区政府为主,以全日制公办中小学为主"的"两为主"政策,再到2014年提出"将常住人口纳入区域教育发展规划、将随迁子女教育纳入财政保障范围"的"两纳入"。政府为解决流动人口子女义务教育问题的政策不断得以深化,然而,政策在各地实施的过程中出现了一些新情况,流动人口子女教育仍存在一些深层次的政策问题。为此,结合本研究的研究结果,现给出如下政策建议。

(1) 完善户籍制度,加快流动人口及其子女的融入进程。研究结果发现,家庭迁移有助于促进流动人口子女的教育融入进程。在中国大陆,流动人口的家庭迁移情况又受到户籍制度的极大影响,因为户籍制度与子女教育、社会保障、求职培训和购房资格等公共服务紧密相关。2013年,国务院颁布《国务院关于城镇化建设工作情况的报告》,提出全面放开小城市,有序开放中等城市,逐步放宽大城市和合理制定特大城市落户限制。目前,在流动人口较为集中的大城市和特大城市主要实施积分落户制度,然而,积分落户的主要依据为申请者的学历、职称、专利、论文和创业等条件,大多数流动人口难以达到当地落户标准。如2015年,被划归为特大城市的天津流动人口数量为500.35万,满足当年落户标准的不足0.40%(李竞博等,2018)。现行户籍制度不仅无法保障流动人口家庭在流入地的社会服务需求,而且也无法满足流动人口子女在流入地接受义务教育的正常权益,因此,推进城镇化和促进流动人口家庭迁移的重点之一便是完善现行户口制度,让流动人口及其子女在流入地享受相应公共服务。

首先,向非户籍流动人口提供公共服务。在现有大城市和特大城市的积分落户制度下,流动人口家庭难以满足当地的落户要求。流动人口家庭向流入地迁移的意愿受到很大影响。因为除经济原因外,影响流动人口家庭成员(父母和祖父母)迁移的另一个重要原因便是能否在流入地享受就业和医疗等公共服务。建议户籍制度改革对难以满足落户条件的,可以逐渐剥离户口与公共服务的关系,让没有本地户口的流动人口及其父母也能在流入地享受到公共服务。可以借鉴上海市使用居住证替代户口的做法。上海居住证持证人可获得申请公租房、参加社保、职称评定及卫生免疫等多项服务，且居住证申请条件仅是在本市合法稳定居住和合法稳定就业、参加本市职工社会保险满6个月等（谢宝富，2014）。流动人口获得居住证的门槛较低，居住证也可以在较大程度上满足流动人口家庭成员在流入地的公共服务需求。

其次，逐步实现户籍与义务教育机会脱钩。促进流动人口家庭子女迁移的一个重要前提是保障流动人口子女在流入地可以正常接受义务教育。目前，满足就读流入地义务教育公办学校的重要条件之一便是拥有本地户籍，然而，大多数流动人口子女无法获得本地户籍，因此，不得不就读于私立学校或民办打工子弟学校。根据北京市教委的统计数据，2014年，北京幼儿园升小学参加信息采集，并获入学资格的非京籍儿童仅为56 827人，不足总采样人数的38%（赵晗，周天，2015）。可见，与户籍相关的义务教育机会难以满足流动人家子女在流入地接受义务教育的权益。为此，本研究建议剥离义务教育与户籍的附属关系，让即使尚未拥有本地户口的流动人口子女也能顺利就读于当地公办学校。

最后，切实降低流动儿童义务教育入学门槛。完善户籍体制改革还需要相应政策配套。2014年，国务院颁布的户籍改革文件在提出对不同城市梯度开放的同时，也规定严格控制特大城市人口规模。出于减少人口数量的硬性指标控制，一些特大城市出现了高筑入学门槛的"以教控人"现象，希望通过提高流动人口子女入学门槛限制区域内流动人口数量（杨东平，2017）。2014年上海市收紧了流动人口子女的入学政策，要求流动人口子女就读时至少要提供"五证"（身份证明、工作证明、居住证明、计划生育证明和社会综合保险证明），而另一特大城市北京市除入学审查更为严格外，还关闭了一大批打工子弟学校。流动人口子女在流入地的义务教育机会受到很大影响。这种提高入学门槛"以教控人"的政策不仅阻碍了流动人口家庭的子女迁移，还增加了流动人口子女单独留守的概率（杨娟，宁静馨，2019），因此，应该强化流入地政府公共服务职能，增加城市教育服务供给，切实降低流动人口子女在流入地的入学门槛。

（2）改革义务教育财政供给体制。本研究的结果发现，流动儿童同伴对流动儿童教育融入结果具有重要影响。班级流动儿童比例负面影响学生的认知能力，因此，需要避免流动儿童在单一班级或学校中过于集中。现实中，流动儿童在某些班级或学校中集中的一个重要原因是，在现有以流入地县区为主的财政供给体制下，流入地县区缺乏向辖区内学校提供充足流动儿童教育经费的能力与意愿，流动儿童只得集中于少数民办打工子弟学校或部分公立学校。在这些学校中，不仅流动儿童比例相对较高，而且教师质量也相对较差，教师教学方法也相对落后（Hu，2018；Wang，et al，2018），因此，解决流动儿童在班级或学校中过于集中的短期举措在于鼓励学校平均分配流动儿童。长期举措则在于完善现有义务教育财政体制。

短期看，鼓励学校平均分配流动儿童。本研究的结果表明，班级流动儿童比例负面影响流动儿童的部分认知和非认知能力，因此，需要避免流动儿童在单一班级内过于集中，而在现实中，出于流动儿童学业基础较为薄弱和流动儿童特殊背景的考虑，大多数学校在招收流动儿童时采取对流动儿童集中编班的方法。为减少流动儿童在班级内过于集中的负面影响，可采取在不同班级中平均分配流动儿童的方法。平均分配流动儿童，一方面，可以增加班级中学生的多样性，从而避免流动儿童只与相似背景的流动儿童接触；另一方面，平均分配流动儿童还有助于增加班级中的正面学习氛围和减少负面学习氛围，从而促进流动儿童认知和非认知能力的发展。

长期看，完善现有义务教育财政体制。

首先，建立以省为主义务教育财政供给体制。20世纪90年代初分税制改革后，中国大陆财政收入逐步向中央和省际财政上移，而地方财政收入比例则逐渐降低。中央和省际财政收入占比超过70%，而地方财政收入比重仅占约20%（范先佐等，2015）。由此，中央和省际政府有能力承担流动儿童的教育经费。此外，流动人口子女在流入地接受教育，有助于实现迁入地人力资本总量的提升，促进迁入地经济发展和社会的安定。作为人口流动的最大受益者，省际政府主导省内各级政府财政收入分配的同时还具备与中央政府讨价还价的实力（袁连生，2017），因此，从"利益获得"原则来看，省际政府也应该是流动儿童义务教育财政的主要责任者。

其次，中央政府承担省际经费转移支付责任。中央政府承担流动儿童义务教育经费的责任可以主要体现在对省级政府的财政转移支付上。由于中国大陆幅员辽阔，各省之间经济和社会发展程度差异巨大，加之流动人口子女主要集中在部分省份（段成荣等，2013），仅由各省级政府负担流动人口子女教育经费可能带来新一轮的义务教育不均衡。中央政府可通过一般性转移支付和专项转移支付为各省流动儿童义务教育提供补助。所谓一般性转移支付是指高层政府对地方政府的财政资助，以弥补地方财力不足。主要用于对经济发展比较缓慢且财政困难的省份提供帮助。专项转移支付则是为解决某一问题对地方政府提供的特定财政资助，主要用于对的确经济困难和少数民族地区义务教育提供资助（范先佐等，2015）。建议中央政府可以利用一般性转移支付和专项转移支付缩小各省份间流动儿童义务教育的差距。

最后，区县级政府合理负担财政经费。实行以省为主，强化省级政府和中央政府对流动儿童义务教育财政责任，区县级政府也应承担相应责任。这不仅是因为义务教育作为公共事业是地方政府无法回避的责任，而且也是因为义务教育的分散组织特性（即人员管理、校舍维护和教学活动等）较为庞杂，单独依靠中央和省际政府难以操作（范先佐等，2015），因此，建议在负责维护学校日常教学的同时，区县政府也可以为教师提供必要的培训。这不仅有利于提升区县教师质量，也有助于满足不同背景学生在教学方法上的需要。

（3）促进学校整合降低学校隔离。研究结果还发现，不论是学校社经地位隔离，还是学校户口隔离，都对流动人口子女教育融入结果具有重要影响。学校平均 SES 对流动人口子女的认知和非认知能力都具有明显的正面影响，而流动儿童比例，尤其是城市流动儿童比例则负面影响流动人口子女的认知和非认知能力。在现实中，城市本地儿童主要集中在质量较高的优质学校或公立学校。流动儿童大多集中在教育质量较差的公立学校或私立打工子弟薄弱学校中（Lu and Zhou, 2012；Xu and Wu, 2016）。这些薄弱学校中，不仅流动儿童比例较高，学生平均 SES 也相对较低，就读流动儿童的认知和非认知发展可能因此受到更多负面影响。长此以往，流动儿童与本地儿童的认知和非认知差距可能会因此扩大。前文的分析表明，让流动儿童就读于学校平均 SES 较高且流动儿童比例较低的优质学校，可能有效促进教育融入结果的提升。

首先，保证教育资源在学校间的均衡分配。由于教育的资源稀缺性和历史上重点学校制度的原因，城市地区学校存在较大的办学质量差异（吴愈晓，黄超，2016）。本文的研究结果表明，学校隔离的影响首先来自学校资源和结构特征，由于学校结构特征（如地理位置等）通常难以改变，因此，如何缩小不同校级间的教育资源分配差异就成为解决问题的关键。应该促进各类教育资源在学校间的均衡分配，消除传统重点学校与示范学校和普通学校在各类教育资源（如生均经费、生师比和财政拨款等）供给上的差异，促进义务教育阶段学校教育质量的均衡发展。

其次，鼓励优质学校招生向流动儿童倾斜。学校隔离的影响还来自同伴效应的影响。高质量的同伴可以传递社会规范、正确的价值观和更为先进的学习技能，甚至可以改变个体的学习态度和教育期望，从而促进个体的发展（Winkler, 1975）。为获得更多同伴的正面影响，可以借鉴发达国家经验，使用优质学校名额分配的方式向流动儿童提供更多就读于拥有高质量同伴学校的机会。区县教育局在每年秋季招生时可以拿出一定比例就读辖区内优质学校的机会，采取乐透的方式向经过资格审查的流动人口家庭发放教育机会。优质学校名额分配的方法也已被证明可以对由学校隔离带来的负面影响进行部分抵消（Kahlenberg, 2001, 2012）。

最后，合理划分学区边界增加学生多样性。目前，中国大陆的义务教育实行"就近入学"制度，即在学区范围内的适龄儿童都能在政府举办的公办学校就读。"就近入学"制度设立之初是为了应对由择校产生的教育不公平，但由于不同学校间存在明显的教育质量差异，加之"就近入学"的入学机会是与住宅位置挂钩，导致一部分优质教育资源被资本化到房价之中（冯浩，陆铭，2010；郑磊，王思檬，2014）。城市本地优势群体可以通过购买学区房的方式获得优质教育资源（文东茅，2006），而流动人口家庭通常聚集在郊区且无力负担价格昂贵的学区房，难以获得与优势同伴互动的机会。为此，地方政府可以尝试重新划分学区边界，在使流动人口家庭同样享受房产"资本化"溢价的同时，将居住在郊区的流动人口家庭纳入优质学区范围，增加流动人口子女与优质同伴互动的可能，从而促进流动人口子女在流入地的教育融入。

9.4　研究不足与未来方向

虽然本研究的结论具有重要的理论和政策价值，但受制于研究数据的限制，本研究仍然有一些方面值得继续改进。

（1）研究使用的数据仅来自中国教育追踪调查（CEPS）的基线调查。虽然 CEPS 是一项高质量的具有全国代表性的大型追踪调研，但目前仅公布了基线数据和第二年追踪调查中的 9 年级数据，然而，考虑到 9 年级的样本中关注的流动人口子女数量较少，本研究仍然仅使用 CEPS 基线调查的截面数据，而使用截面数据不得不面临一系列遗漏变量的挑战。为解决这一问题，本研究尽可能地控制了个人、家庭、班级和学校的相关特征，但仍然无法排除所有遗漏变量的影响。此外，CEPS 仅公布了调研学校的编号，没公布学校所在的地理信息，因此无法将 CEPS 与其他公共数据库进行匹配，如无法将学校的地理信息、省级教育经费和异地中高考信息与现有 CEPS 进行匹配。这不仅限制了潜在研究方法的选择，还使研究结果可能会受到一些遗漏变量的影响。

（2）分析对象主要集中在流动儿童群体。在分析流动人口子女教育融入结果时，本研究同时考虑迁移（家庭迁移）和迁移后（班级同伴和学校隔离)对流动人口子女的认知和非认知能力的影响。影响留守儿童认知和非认知能力的因素只有在第5章家庭迁移中有所涉及,其他分析结果仍主要集中在跟随父母迁移的流动儿童,故对留守儿童的分析仍然相对有限。然而,本研究的结果却发现,留守儿童在认知和非认知能力上处于明显的劣势地位。考虑到留守儿童的数量之大且在未来仍有可能保持上升趋势,因此,未来仍值得对影响留守儿童认知和非认知能力的因素进行进一步分析。

(3) 研究中对变量的测量可能存在某些测量误差风险。测量误差的风险不仅可能来自调研时间上的差异,还有可能来自样本个人及被调研的学校。本研究使用的是2013—2014年间的调研数据,不同儿童的调研可能存在差异。儿童家庭背景特征中如父母受教育水平、职业类型和家庭收入情况虽然相对稳定,但仍然不能排除样本中某些儿童家庭背景的改变,由此可能带来儿童家庭背景和学校平均SES测量上的偏误。为解决上述问题,本研究使用第二年追踪数据中的家庭背景变量核实基线的家庭背景。与预期一致,8年级学生家庭背景变动极小,但由于基线7年级的追逐数据并未公布,因此无法排除7年级样本中某些儿童家庭背景发生变动的可能性。

此外,CEPS基线数据中只包含个人和家庭的现期特征,并未包含前期的迁移历史,然而,家庭迁移的影响可能存在累积性,即先期状态可能是多次迁移后带来的后果。由于迁移历史信息的缺失,难以区分流动儿童是单次迁移还是多次迁移,因此,得出的结果也无法区分是来自单次迁移,还是多次迁移的影响。与此同时,被调研的一些学校还可能因所在县区政府对流动儿童生均经费补贴差异多报或少报流动儿童。由于不同学校接受非本县区流动儿童所接受的政府资助并不相同,因此,学校中可能存在多报或少报流动儿童的情况,由此带来班级或学校流动儿童比例的测量误差。为避免这一问题的发生,本研究使用的班级和学校流动儿童比例来自对学生个人填写问卷信息的计算,因此,能尽可能地避免由这一政策激励导致的测量误差。

(4) 研究使用的方法可能无法完全克服遗漏变量偏误。在第6章分析家庭迁移对流动人口子女教育融入结果的影响时，本研究使用倾向得分匹配方法（PSM）对上述效应进行估计。虽然在估计前本研究对使用 PSM 的假设条件进行了证实，但 PSM 本身只能控制可供观测因素的影响，无法对不可观测影响的冲击进行有效处理。例如，模型中可能忽略了由家庭迁移偏好带来的影响，而这种家庭迁移偏好通常是不被观测的。PSM 本身先预测迁移得分，再依据迁移得分匹配处理组和控制组的逻辑过程也决定了下文无法使用对不同类型家庭迁移的中介因素进行分析。

（5）研究中使用的中介效应分析方法可能仍然值得继续改进。已有文献中对流动人口子女教育融入结果影响因素的作用机制分析仍然十分有限。本研究尝试从家庭、班级和学校维度分别分析家庭迁移、班级同伴和学校隔离对流动人口子女教育融入的影响及其中介途径。在第 6 章中，由于 PSM 逻辑上的限制，本研究并未对家庭迁移的中介效应进行分析。在第 7 章和第 8 章中，为使研究结果更为丰富，本研究分别采用了两种方法分析班级同伴和学校隔离的中介效应。在第 7 章分析班级同伴的中介效应时，本研究使用的是近期文献中经常使用的方法，即先拿 X 对 Y 回归，然后再拿 Z 对 X 回归，若发现 X 依然显著，那么 X 是通过 Z 影响 Y 的。在第 8 章分析学校隔离的中介效应时，本研究采取的则是更经典的逐步增加变量回归方法，然而，上述两种方法都无法得出中介效应的因果推断。相关的中介效应因果推断方法仍然值得进行深入分析。中介效应分析的不足也成为未来可以继续探讨的研究方向。

附　　录

附表1　变量描述性统计结果

	变量名	分类/内容	均值（标准差）
因变量			
认知能力			
	数学成绩	学校提供的秋季数学期中考试得分	78.116（31.698）
	语文成绩	学校提供的秋季语文期中考试得分	82.967（20.673）
	英语成绩	学校提供的秋季英语期中考试得分	79.287（30.337）
	认知得分	标准化语言、图像和计算与逻辑测试标准化得分	0.000（0.869）
非认知能力			
	心理健康	因子得分	0.000（0.923）
	集体融入	因子得分	0.000（0.852）
	人际关系	因子得分	0.000（0.814）
	社交活动	因子得分	0.000（0.767）
自变量			
个人特征			
	性别	男生	0.515（0.500）
	年龄	单位（年）	14.521（1.240）
	民族	少数民族	0.090（0.286）
	迁入时间	单位（年）	2.068（4.066）
	前期表现	认知能力	2.933（0.708）
		非认知能力	3.216（0.534）

续表

	变量名	分类/内容	均值（标准差）
自变量			
家庭特征			
	家庭 SES	父亲受教育年限	10.059（3.150）
		母亲受教育年限	9.285（3.503）
		父亲专业职业	0.181（0.385）
		母亲专业职业	0.132（0.339）
		家庭经济条件	2.986（0.558）
	社会资本		
	功能性	父母参与：家庭沟通	0.000（0.784）
		父母参与：家庭督导	0.000（0.913）
		教育期望：父母教育期望	15.307（4.403）
	结构性	代际闭合：与教师沟通情况	0.000（0.717）
		代际闭合：认识子女家长数	0.640（0.532）
		家庭结构：兄弟姐妹数量	0.733（0.833）
		家庭结构：父亲同住	0.804（0.396）
		家庭结构：母亲同住	0.863（0.343）
		家庭结构：祖父母同住	0.305（0.460）
	文化资本	书籍数量	3.151（1.211）
班级特征			
	班级同伴比例	班级流动儿童比例	0.180（0.190）
	班级规模	班级人数，单位（人）	48.368（12.802）
	班级排名	班级排名	3.393（0.962）
	班主任教龄	单位（年）	16.000（8.073）
	班主任受教育年限	单位（年）	15.945（0.553）
	班主任职称	非高级教师	0.156（0.363）
	班级同伴背景特征	班级平均流动儿童父母最高受教育年限	10.942（2.053）
		班级流动儿童平均家庭经济情况	2.983（0.366）

续表

变量名			分类/内容	均值（标准差）
自变量				
班级特征				
	学习氛围	同学友好		3.260（0.808）
		氛围良好		3.131（0.878）
		参与活动		2.744（1.017）
		迟到行为		1.255（0.621）
		逃学行为		1.093（0.432）
		希望转学		1.516（0.872）
	同伴互动	与农村流动儿童"共同学习"		0.163（0.369）
		与农村流动儿童"共同玩耍"		0.180（0.384）
		与农村流动儿童"成为朋友"		0.113（0.316）
		与城市流动儿童"共同学习"		0.164（0.370）
		与城市流动儿童"共同玩耍"		0.177（0.382）
		与城市流动儿童"成为朋友"		0.100（0.300）
	教学方法	传统授课		3.871（0.644）
		小组讨论		3.265（0.895）
		课堂互动		3.780（0.774）
		多媒体		3.557（0.972）
		因特网		2.324（1.076）
		画图/模型/海报等		2.375（0.913）
学校特征				
	学校平均SES	剔除当前个体后，学校平均SES		0.000（0.892）
	城市流动儿童比例	剔除当前个体后，学校平均城市流动儿童比例		0.083（0.079）
	农村流动儿童比例	剔除当前个体后，学校平均农村流动儿童比例		0.129（0.144）
	学校资源及结构	生师比		14.055（4.642）
		公立学校		0.901（0.298）
		学校排名		4.160（0.780）
		市区位置		0.603（0.489）

续表

	变量名	分类/内容	均值（标准差）
自变量			
学校特征			
	学校实践	教师对孩子负责	4.375 (0.743)
		教师对孩子有耐心	4.259 (0.784)
		教师重视教学方法	2.631 (0.500)
		教师重视关注学生	2.542 (0.534)
		学生经常逃学	1.416 (0.638)
		学校纪律混乱	1.381 (0.666)
		学校比较拥挤	1.945 (1.039)
		教师流动频繁	1.405 (0.623)
	同伴影响	学习成绩优良	2.376 (0.608)
		学习努力刻苦	2.405 (0.630)
		想上大学	2.661 (0.570)
		逃课、旷课和逃学	1.087 (0.325)
		违反校纪被处罚	1.116 (0.361)
		退学	1.058 (0.270)
		平均同伴正面行为	0.000 (0.225)
		平均同伴负面行为	0.000 (0.151)
地区特征			
	地区平均受教育水平	所属县（区）平均受教育年限，单位（年）	9.485 (1.441)
	地区行政级别		2.972 (1.131)
	地理位置		1.696 (0.836)

附表2 心理健康的因子分析结果

	因子负载	信度系数
	因子1	
沮丧	0.751	0.857
抑郁	0.757	
不快乐	0.763	
生活没有意思	0.648	
悲伤	0.734	

注：所有数值都已翻转，故所得心理健康因子得分越高，表明心理健康水平越好。

附表 3 非认知能力的因子分析结果

	因子负载	信度系数
	因子 1	
心理健康	0.840	0.861
集体融入	0.837	
人际关系	0.811	
社交活动	0.896	

附表 4 家庭 SES 的因子分析结果

	因子负载	信度系数
	因子 1	
父亲受教育水平	0.687	0.715
母亲受教育水平	0.692	
父亲职业类型	0.605	
母亲职业类型	0.604	
家庭收入情况	0.652	

附表 5 社会资本的因子分析结果

	因子负载			信度系数
	因子 1	因子 2	因子 3	
家庭沟通				0.834
学校发生的事情	0.749			
与朋友关系	0.775			
与教师关系	0.756			
孩子的心情	0.808			
孩子的心事或烦恼	0.790			
家庭督导				0.761
检查孩子作业		0.898		
指导孩子功课		0.898		
与教师联系				0.669
家长主动联系老师			0.865	
老师主动联系家长			0.866	

附表6　同伴影响的因子分析结果

	因子负载		信度系数
	因子1	因子2	
正面影响			0.805
学习成绩优良	0.760		
学习努力刻苦	0.782		
想上大学	0.650		
负面影响			0.719
逃课、旷课和逃学	0.715		
违反校纪被处罚	0.678		
退学	0.710		

附表7　父母迁移对认知和非认知能力的影响对比

	父母迁移 ATT		
	1对1匹配	1对5匹配	卡尺内临近匹配
	均值/标准差	均值/标准差	均值/标准差
认知能力			
数学成绩	0.721 (1.199)	1.540 (0.909)	0.991 (0.842)
语文成绩	1.919*** (0.718)	1.593*** (0.567)	1.593*** (0.525)
英语成绩	0.348 (1.010)	1.549 (0.844)	0.989 (0.780)
认知测试	-0.033 (0.029)	-0.004 (0.022)	-0.004 (0.021)
非认知能力			
心理健康	-0.064** (0.031)	-0.072** (0.037)	-0.064*** (0.023)
集体融入	-0.109*** (0.032)	-0.093*** (0.025)	-0.084*** (0.023)
人际关系	-0.063** (0.029)	-0.025 (0.023)	-0.043* (0.021)

续表

	父母迁移 ATT		
	1 对 1 匹配	1 对 5 匹配	卡尺内临近匹配
	均值/标准差	均值/标准差	均值/标准差
非认知能力			
社会交往	-0.005 (0.023)	-0.011 (0.018)	-0.003 (0.018)

注：①处理组均值下没有标准误是因为 Stata 软件在进行 PSM 匹配时仅显示两组数据均值，并不显示各组标准误，故无法提取。②控制组下数值没有标准误的原因同控制组，下表同。③处理组样本为满足匹配需求样本量。④控制组样本为满足匹配需求总样本量，由于 Stata 软件限制，无法具体找出与处理组匹配的样本，故即使采用 1 对 1 匹配，控制组和处理组的样本量仍不一致。⑤括号内为稳健标准误（Robust Standard error）；控制变量包括个人特征（性别、年龄、民族和前期认知与非认知能力），家庭特征（家庭 SES，社会资本，文化资本）和地区特征（区平均受教育年限，区地理位置和区所在行政区级别）；⑥匹配方法为 1 对 1 的匹配结果；⑦ *、** 和 *** 分别代表 1%、5% 和 10% 的显著性水平。

附表 8　子女迁移对认知和非认知能力的影响对比

	子女迁移 ATT		
	1 对 1 匹配	1 对 5 匹配	卡尺内临近匹配
	均值/标准差	均值/标准差	均值/标准差
认知能力			
数学成绩	4.995*** (1.312)	5.335*** (1.073)	5.642*** (1.041)
语文成绩	4.053*** (0.829)	3.805*** (0.695)	4.165*** (0.675)
英语成绩	5.116*** (1.218)	5.328*** (1.012)	5.756*** (0.985)
认知测试	0.027 (0.035)	0.008 (0.028)	0.005 (0.027)
非认知能力			
心理健康	-0.113*** (0.038)	-0.116*** (0.030)	-0.113*** (0.029)

续表

	子女迁移 ATT		
	1 对 1 匹配	1 对 5 匹配	卡尺内临近匹配
	均值/标准差	均值/标准差	均值/标准差
非认知能力			
集体融入	-0.021 (0.037)	-0.039 (0.030)	-0.036 (0.028)
人际关系	-0.054 (0.035)	0.011 (0.028)	0.004 (0.026)
社会交往	0.005 (0.032)	0.023 (0.026)	0.019 (0.024)

注：①处理组均值下没有标准误是因为 Stata 软件在进行 PSM 匹配时仅显示两组数据均值，并不显示各组标准误，故无法提取。②控制组下数值没有标准误的原因同控制组，下表同。③处理组样本为满足匹配需求样本量。④控制组样本为满足匹配需求总样本量，由于 Stata 软件限制，无法具体找出与处理组匹配的样本，故即使采用 1 对 1 匹配，控制组和处理组的样本量仍不一致。⑤括号内为稳健标准误（Robust Standard error）；控制变量包括个人特征（性别、年龄、民族和前期认知与非认知能力），家庭特征（家庭 SES，社会资本，文化资本）和地区特征（区平均受教育年限，区地理位置和区所在行政区级别）；⑥匹配方法为 1 对 1 的匹配结果；⑦ *、** 和 *** 分别代表 1%、5% 和 10% 的显著性水平。

附表 9　祖父母迁移对认知和非认知能力的影响对比

	祖父母迁移 ATT		
	1 对 1 匹配	1 对 5 匹配	卡尺内临近匹配
	均值/标准差	均值/标准差	均值/标准差
认知能力			
数学成绩	4.239** (2.032)	3.625*** (1.651)	3.198** (1.539)
语文成绩	1.500 (1.293)	0.797 (1.018)	1.023 (0.948)
英语成绩	1.097 (1.903)	0.595 (1.527)	1.096 (1.437)
认知测试	0.030 (0.053)	0.028 (0.043)	0.032 (0.040)

续表

	祖父母迁移 ATT		
	1 对 1 匹配	1 对 5 匹配	卡尺内临近匹配
	均值/标准差	均值/标准差	均值/标准差
非认知能力			
心理健康	-0.013	0.057	0.051
	(0.061)	(0.047)	(0.043)
集体融入	0.038	0.040	0.033
	(0.057)	(0.043)	(0.040)
人际关系	0.055	0.047	0.066
	(0.056)	(0.041)	(0.038)
社会交往	0.019	0.028	0.031
	(0.055)	(0.040)	(0.037)

注：①处理组均值下没有标准误是因为 Stata 软件在进行 PSM 匹配时仅显示两组数据均值，并不显示各组标准误，故无法提取。②控制组下数值没有标准误的原因同控制组，下表同。③处理组样本为满足匹配需求样本量。④控制组样本为满足匹配需求总样本量，由于 Stata 软件限制，无法具体找出与处理组匹配的样本，故即使采用 1 对 1 匹配，控制组和处理组的样本量仍不一致。⑤括号内为稳健标准误（Robust Standard error）；控制变量包括个人特征（性别、年龄、民族和前期认知与非认知能力），家庭特征（家庭 SES，社会资本，文化资本）和地区特征（区平均受教育年限，区地理位置和区所在行政区级别）；⑥匹配方法为 1 对 1 的匹配结果；⑦ *、** 和 *** 分别代表 1%、5% 和 10% 的显著性水平。

附表 10　家庭整体迁移对认知和非认知能力的影响对比

	家庭整体迁移 ATT		
	1 对 1 匹配	1 对 5 匹配	卡尺内临近匹配
	均值/标准差	均值/标准差	均值/标准差
认知能力			
数学成绩	4.143	3.334	2.453
	(1.993)	(2.572)	(1.461)
语文成绩	2.299	2.103	2.319
	(1.276)	(1.232)	(0.877)
英语成绩	0.036**	0.788	1.080
	(1.934)	(1.481)	(1.360)

续表

	家庭整体迁移 ATT		
	1 对 1 匹配	1 对 5 匹配	卡尺内临近匹配
	均值/标准差	均值/标准差	均值/标准差
认知能力			
认知测试	-0.055 (0.053)	-0.013 (0.041)	-0.007 (0.037)
非认知能力			
心理健康	0.096 (0.061)	0.088 (0.054)	0.054 (0.041)
集体融入	0.054 (0.053)	0.021 (0.041)	0.024 (0.037)
人际关系	0.129 (0.053)	0.073 (0.048)	0.078 (0.055)
社会交往	0.094 (0.051)	0.039 (0.037)	0.042 (0.035)

注：①处理组均值下没有标准误是因为 Stata 软件在进行 PSM 匹配时仅显示两组数据均值，并不显示各组标准误，故无法提取。②控制组下数值没有标准误的原因同控制组，下表同。③处理组样本为满足匹配需求样本量。④控制组样本为满足匹配需求总样本量，由于 Stata 软件限制，无法具体找出与处理组匹配的样本，故即使采用 1 对 1 匹配，控制组和处理组的样本量仍不一致。⑤括号内为稳健标准误（Robust Standard error）；控制变量包括个人特征（性别、年龄、民族和前期认知与非认知能力），家庭特征（家庭 SES，社会资本，文化资本）和地区特征（区平均受教育年限，区地理位置和区所在行政区级别）；⑥匹配方法为 1 对 1 的匹配结果；⑦*、** 和 *** 分别代表 1%、5% 和 10% 的显著性水平。

参 考 文 献

[1] ALBAR, NEEV. Remaking the American mainstream: Assimilation and contemporary immigration [M]. Cambridge, MA: Harvard University Press, 2009.

[2] Alba R D. Remaking the American mainstream: Assimilation and contemporary. immigration[M]. Harvard University Press, 2009.

[3] ALBA R, HANDL J, MULLERW. Ethnische Ungleichheit im deutschen Bildungssystem [J]. Kölner zeitschrift für soziologie und sozialpsychologie, 1994, 46(2): 209 - 237.

[4] ALEXANDER K, FENNESSEYJ, MCDILLE, et al. School SES influences composition or context? [J]. Sociology of education, 1979, 52(4): 222 - 237.

[5] ALWINLD, OTTO L. High school context effects on aspirations [J]. Sociology of education, 1977, 50(4): 259 - 273.

[6] AMMERMUELLER A, PISCHKE J. Peer effects in European primary schools: Evidence from the progress in international reading literacy study[J]. Journal of labor economics, 2009, 27(3): 315 - 348.

[7] AMUEDO D, POZO S. Accounting for remittance and migration effects on children's schooling[J]. World development, 2010, 38 (12): 1747 - 1759.

[8] ARCIA E, REYES B, VAZQUEZ M. Constructions and reconstructions: Latino parents' values for children[J]. Journal of child and family studies, 2000, 9(3): 333 –350.

[9] ASTONE N, MCLANAHAN S. Family structure, parental practices and high school completion[J]. American sociological review, 1991, 56(3): 309 –320.

[10] BAI Y, ZHANG L, LIU C, et al. Effect of parental migration on the academic performance of left – behind children in northwestern China[J]. Journal of development studies, 2016, 54(7): 1154 –1170.

[11] BANKSTON C, CALDAS S, ZHOU, M. The academic achievement of vietnamese american students: Ethnicity as social capital[J]. Sociological focus, 1997, 30(1): 1 –16.

[12] BATBAATAR M. Children on the move: rural – urban migration and access to education in Mongolia[M]. Childhood poverty research and policy centre (CHIP), 2005.

[13] BRYK A, RAUDENBUSH S. Hierarchical Models: Applications and Data Analysis Methods[M]. Newbury Park, CA: Sage, 1992.

[14] BECKER G. Human capital: A theoretical and empirical analysis, with special reference to rducation [M]. New York, NY: Columbia University Press, 1964.

[15] BECKER G, TOMES N. An equilibrium theory of the distribution of income and intergenerational mobility[J]. Journal of political economy, 1979, 87(6): 1153 –1189.

[16] BECKER G, TOMES N. Human capital and the rise and fall of families[J]. Journal of labor economics, 1986, 16(4): 1 –39.

[17] BEHRMAN J, TAUBMAN P. Intergenerational earnings mobility in the United States: Some estimates and a test of Becker's intergenerational endowments model[J]. Review of economics and statistics, 1985, 67(1): 144 –151.

[18] BEINE M, DOCQUIER F, RAPOPORT F et al. Brain drain and human capital formation in developing countries: Winners and losers[J]. Economic journal, 2008, 118(528): 631-652.

[19] BENGTSON V. Generation and family effects in value socialization [J]. American sociological review, 1975, 40(3): 358-371.

[20] BETTS J, REUBEN K, DANENBERG A. Equal resources, equal outcomes? The distribution of school resources and student achievement in California[R]. San Francisco: Public Policy Institute of California, 2000.

[21] BIENDINGER N, BECKER B, ROHLING I. Early ethnic educational inequality: The influence of duration of preschool attendance and social composition [J]. European sociological review, 2008, 24 (2): 243-256.

[22] BOOTH M. Children of migrant fathers: The effects of father absence on Swazi children's preparedness for school [J]. Comparative education review, 1995, 39(2): 195-210.

[23] BODVARSSON B, & VANDENBERG H. The economics of immigration[M]. New York, NY: Springer New York, 2013.

[24] BOL T, KALMIJN M, KALMIJN M. Grandparents' resources and grandchildren's schooling: Does grandparental involvement moderate the grandparent effect? [J]. Social science research, 2016, 55(3): 155-170.

[25] BORJAS G. Economic theory and international migration [J]. International migration review, 1989, 27(3): 457-485.

[26] BORJAS G. Friends or strangers: The impact of immigrants on the US economy[M]. New York, NY: Basic Books, 1990.

[27] BOURDIEU P. Distinction [M]. Cambridge, MA: Harvard University, 1984.

[28] BOURDIEU P. (1986). The forms of capital. In J. G. Richardson (Ed.), Handbook of Theory and research for the sociology of education[M]. New York, NY: Greenwood, 1986.

[29] BOURDIEU P, PASSERON J. Reproduction in education, culture and society[M]. London, UK: Sage, 1977.

[30] BOURDIEU P, WACQUANT L. (1992). An invitation to reflexive sociology[M]. Chicago, IL: University of Chicago Press, 1992.

[31] BOWLES S, GINTIS H, GROVES M. Unequal chances: Family background and economic success[M]. Princeton, NJ: Princeton University Press, 2009.

[32] BOYER P. Cultural Assimilation. International encyclopedia of the social & behavioral sciences[M]. Oxford, UK: Elsevier Science, 2001.

[33] BRADLEY R, CALDWELL B, ROCK S. Home environment and school performance: A ten-year follow-up and examination of three models of environmental action[J]. Child development, 1988, 59(4): 852-867.

[34] BRADLEY R, CRWYN R. Moderating effect of perceived amount of family conflict on the relation between home environmental processes and the well-being of adolescents[J]. Journal of family psychology, 2000, 14(3): 349-360.

[35] BRANDON P. The child care arrangements of preschool-age children in immigrant families in the United States[J]. International migration, 2004, 42(1): 65-87.

[36] BROWN E, KRASTEVA A. Migrants and refugees: Equitable education for displaced populations[M]. Charlotte, NC: Information Age Publishing, 2013.

[37] BROWN E. Family structure and child well-being: The significance of parental cohabitation[J]. Journal of marriage and family, 2004, 66(2): 351-367.

[38] BUCHMANN C HANNUM. Education and stratification in developing countries: A review of theories and research[J]. Annual review of sociology, 2001, 27(1): 77-102.

[39] BURKE M, SASS T. Classroom peer effects and student

achievement[J]. Journal of labor economics, 2013, 31(1): 51-82.

[40] BURKHOFF A. One exam determines one's life: The 2014 reforms to the Chinese national college entrance exam. Fordham international law journal[J], 2015, 38(3): 14-73.

[41] CARLSON J, CORCORAN E. Family structure and children's behavioral and cognitive outcomes[J]. Journal of marriage and family, 2001, 63(3): 779-792.

[42] CHAN W, BOLIVER V. The grandparents effect in social mobility: Evidence from British birth cohort studies [J]. American sociological review, 2013, 78(4): 662-678.

[43] CHANG D, MACPHAIL F. Labor migration and time use patterns of the left-behind children and elderly in rural China [J]. World development, 2011, 39(12): 2199-2210.

[44] CHAO K. Extending research on the consequences of parenting style for Chinese Americans and European Americans [J]. Child development, 2001, 72(6): 1832-1843.

[45] CHEN F, LIU G, MAIR A. Intergenerational ties in context: Grandparents caring for grandchildren in China[J]. Social forces, 2011, 90(2): 571-594.

[46] CHEN X, HUANG Q, ROZELLE, et al. Effect of migration on children's educational performance in rural China[J]. Comparative economic studies, 2009, 51(3): 323-343.

[47] CHEN X, LAI F, YI H, et al. Schooling institutions and academic achievement for migrant children in urban China [J]. Migration and development, 2015, 4(2): 172-184.

[48] CHEN Y, FENG S. Access to public schools and the education of migrant children in China [J]. China economic review, 2013, 26(3): 75-88.

[49] CHEN Y, FENG S. Quality of migrant schools in China: Evidence

from a longitudinal study in shanghai[J]. Journal of population economics, 2018, 30(3): 1007 – 1034.

[50]CHEN X. WANG L, WANG Z. Shyness - sensitivity and social, school, and psychological adjustment in rural migrant and urban children in China[J]. Child development, 2009, 80(5): 1499 – 1513.

[51]CHIANG Y, HANNUM E, KAO G. Who Goes, who Stays, and who studies? Gender, migration, and educational decisions among rural youth in China [J]. International journal of chinese education, 2012, 10(1): 106 – 131.

[52] CHISWICK R. Sons of immigrants: Are they at an earnings disadvantage? [J]. American economic review, 1977, 67(1): 376 – 380.

[53] CHISWICK R. The effect of Americanization on the earnings of foreign – born men [J]. Journal of political economy, 1978, 86(5): 897 – 921.

[54] CHISWICK R, MILLER W. The determinants of post – immigration investments in education[J]. Economics of education review, 1994, 13(2): 163 – 177.

[55] COFFEY D. Children's welfare and short – term migration from rural India[J]. Journal of development studies, 2013, 49(8): 1101 – 1117.

[56]COHEN J. Parents as educational models and definers[J]. Journal of marriage and the family, 1987, 49(2): 339 – 351.

[57]COLDING B, HUMMELGARRD H, HUSTED L. How studies of the educational progression of ninority children are affecting education policy in Denmark[J]. Social policy and administration, 2005, 39(6): 684 – 696.

[58] COLEMAN J S. Social capital in the creation of human capital [J]. American journal of sociology, 1988, 94(4): 95 – 120.

[59] COLEMAN J S. Parental involvement in education[J]. Policy perspectives series. 1991, 31(4):13 – 16.

[60]Coleman, J. S. Equality and achievement in education[M]. San

Francisco, CA: Westview Press, 1993.

[61] COLEMAN J S, CAMPBELL E Q, HOBSON C J, et al. Equality of educational opportunity [R]. Washington: U. S. Office of Education, 1966.

[62] CRONINGER R G, LEE V E. Social capital and dropping out of high school: Benefits to at - risk students of teachers' support and guidance [J]. Teachers college record, 2001, 103(4): 548 – 581.

[63] CROSNOE R. Health and the education of children from racial/ethnic minority and immigrant families [J]. Journal of health and social behavior, 2006, 47(1): 77 – 93.

[64] CROSNOE R, FULIGNI A J. Children from immigrant families: Introduction to the special section [J]. Child development, 2012, 83(5): 1471 – 1476.

[65] CROSNOE R, TURLEY R L, ROSNOE R. K – 12 educational outcomes of immigrant youth [J]. Future of children, 2011, 21(1): 129 – 134.

[66] CRUL M. Breaking the circle of disadvantage: Social mobility of second - generation Moroccans and Turks in the Netherlands. In H. Vermeulen & J. Perlman (Eds.), Immigrants, schooling and social mobility. Does culture make a difference? [M]. London, UK: Macmillan, 2000.

[67] DEBRAUW A, MU R. Migration and the overweight and underweight status of children in rural China [J]. Food policy, 2011, 36 (1): 88 – 100.

[68] DOWNEY G, COYNE J C. Children of depressed parents: An integrative review [J]. Psychological bulletin, 1990, 108(1): 50 – 59.

[69] DRIESSEN G, SLEEGERS P, SMIT F. The transition from primary to secondary education: Meritocracy and ethnicity [J]. European sociological review, 2008, 24(4): 527 – 542.

[70] DUAN C L, WANG Z, GUO J. The survival and development status of floating children in China: An analysis of the Sixth Population Census Data[J]. Study of china population, 2013, 28(4): 44-80.

[71] DUNCAN O D, FEATHERMAN D L, DUNCAN B. Socioeconomic background and achievement[M]. Oxford, UK: Seminar Press, 1972.

[72] EDWARDS A C, URETA M. International migration, remittances, and schooling: Evidence from El Salvador[J]. Journal of development economics, 2003, 72(2): 429-461.

[73] ENTORF H, MINOIU N. What a difference immigration policy makes: A comparison of PISA scores in Europe and traditional countries of immigration[J]. German economic review, 2005, 6(3): 355-376.

[74] ENTWISLE D R. ALEXANDER K L, OLSON L S. First grade and educational attainment by age 22: A new story[J]. American journal of sociology, 2005, 110(5): 1458-1502.

[75] ERIKSON R, JONSSON J O. Explaining class inequality in education: The Swedish test case[M]. Stockholm: Westview Press, 1996.

[76] ERMISCH J. Origins of social immobility and inequality: Parenting and early child development[J]. National institute economic review, 2008, 205(1): 62-71.

[77] EROLA J, MOISIO P. Social mobility over three generations in Finland, 1950-2000[J]. European sociological review, 2006, 23(2): 169-183.

[78] FARKAS G. Cognitive skills and noncognitive traits and behaviors in stratification processes[J]. Annual review of sociology, 2003, 29(4): 541-562.

[79] FEJGIN N. Factors contributing to the academic excellence of American Jewish and Asian students[J]. Sociology of education, 1995, 68(1): 18-30.

[80] FELICIANO C. Does selective migration matter? Explaining ethnic disparities in educational attainment among immigrants' children [J]. International migration review, 2005, 39(4): 841-871.

[81] FELICIANO C, RUMBAUT R G. Gendered paths: Educational and occupational expectations and outcomes among adult children of immigrants[J]. Ethnic and racial studies, 2005, 28(6): 1087-1118.

[82] FENG S, CHEN Y. School types and education of migrant children: An empirical study in Shanghai[J]. China economic quarterly, 2012, 13(4): 1455-1476.

[83] FIELDING A J. Migration and social mobility: South east England as an escalator region[J]. Regional studies, 1992, 26(1): 1-15.

[84] FUNDLEY S E. An interactive contextual model of migration in Ilocos Norte, the Philippines[J]. Demography, 1987, 24(2): 163-190.

[85] FRIEDLANDER S, WEISS D S, TRAYLOR J. Assessing the influence of maternal depression on the validity of the child behavior checklist [J]. Journal of abnormal child psychology, 1986, 14(1): 123-133.

[86] FU T M. Unequal primary education opportunities in rural and urban China[J]. China perspectives, 2005, 60(3): 1-9.

[87] FULIGNI A, YOSHIKAWA, H. Parental investments in children among immigrant families. In A. Kalil & T. DeLeire (Eds.), Family investments in children's potential: Resources and parenting behaviors that promote success[M]. Mahwah, NJ: Erlbaum, 2004.

[88] FURSTENBERG F F. The challenges of finding causal links between family educational practices and schooling outcomes[R]. Whither Opportunity. Russell Sage Foundation and the Spencer Foundation. 2011: 465-482.

[89] GAO Y, LI L P, KIM J H, et al. The impact of parental migration on health status and health behaviours among left behind Adolescent school children in China[J]. BMC public health, 2010, 10(1): 56-67.

[90] GAO Q, LI H, ZOU H, et al. The mental health of children of migrant workers in Beijing: The protective role of public school attendance [J]. Scandinavian journal of psychology, 2015, 56(4): 384-390.

[91] GONG J, LU Y, SONG H. The effect of teacher gender on students' academic and noncognitive outcomes [J]. Journal of labor economics, 2018, 36(3): 743-778.

[92] GAVIRIA A, RAOHEAL S. School-based peer effects and juvenile behavior[J]. Review of economics and statistics, 2001, 83(2): 257-268.

[93] GIANNELLI G C, MANGIAVACCHI L. Children's schooling and parental migration: Empirical evidence on the 'left-behind' generation in Albania[J]. Labour, 2010, 24(3): 76-92.

[94] GIBSON J, STILLMAN, S, MCKENZIE D, et al. Natural experiment evidence on the effect of migration on blood pressure and hypertension[J]. Health economics, 2013, 22(6): 655-672.

[95] GLAZER N, MOYNIHAN D P. Beyond the melting pot: The Negroes, Puerto Ricans, Jews, Italians, and Irish of New York City[M]. Cambridge, MA: MIT Press, 1970.

[96] GLICK J E, HOHMANN M B. Academic performance of young children in immigrant families: The significance of race, ethnicity, and national origins [J]. International migration review, 2007, 41(2): 371-402.

[97] GOLASJ B T. Assessing the advantages of bilingualism for the children of immigrants[J]. International migration review, 2005, 39(3): 721-753.

[98] GONZALEZ L M, STEIN G L, KIANG L, et al. The impact of discrimination and support on developmental competencies in Latino adolescents[J]. Journal of latina psychology, 2014, 2(2):79-86.

[99] GOODBURN C. Learning from migrant education: A case study of

the schooling of rural migrant children in Beijing[J]. International journal of educational development, 2009, 29(5): 495-504.

[100]GORDON M M. Assimilation in American life: The role of race, religion, and national origins [M]. Oxford, UK: Oxford University Press, 1964.

[101] GRAVES P E. Migration and climate [J]. Journal of regional science, 1980, 20(2): 227-237.

[102]GRAVES P E, LINNEMAN P. Household migration: Theoretical and empirical result [J]. Journal of urban economics, 1979, 6 (3), 383-404.

[103]GREELEY A M. The ethnic miracle[J]. Public interest, 1976, 45(3), 20-29.

[104] GREENWOOD M J. Human migration: Theory, models, and empirical studies[J]. Journal of regional science, 1985, 25(4), 521-544.

[105] GREENWOOD M J. Internal migration in developed countries [J]. Handbookof Population and Family Economics, 1997, (23) 1: 647-720.

[106]GREENWOOD M J, HUNT G L. The early history of migration research[J]. International regional science review, 2003, 26(1): 3-37.

[107]GUO J. Family and parent correlates of educational achievement: Migrant children in China[J]. Asian social work and policy review, 2011, 5 (2): 123-137.

[108] HALLER W, LANDOLT P. The transnational dimensions of identity formation: Adult children of immigrants in Miami[J]. Ethnic and racial studies, 2005, 28(6): 1182-1214.

[109] HANSON G H, WOODRUFF C. Emigration and educational attainment in Mexico[D]. Mimeo, University of California at San Diego, 2003.

[110] HANUSHEK E A. Conceptual and empirical issues in the

estimation of educational production functions [J]. Journal of human resources, 1979, 14(3): 351 - 388.

[111] HANUSHEK E A. The economics of schooling: Production and efficiency in public schools[J]. Journal of economic literature, 1986, 24(3): 1141 - 1177.

[112] HANUSHEK E A. Education production functions: Developed country evidence. In P. Peterson, E. Baker & B. McGaw (Eds.), International Encyclopedia of Education[M]. Oxford, UK: Elsevier, 2010.

[113] HANUSHEK E A, KAIN J F, MARKMAN J M, et al. Does peer ability affect student achievement? [J]. Journal of applied econometrics, 2003, 18(5): 527 - 544.

[114] HANUSHEK E A, KAIN J F, RIVKIN S G. New evidence about Brown v. Board of Education: The complex effects of school racial composition on achievement[J]. Journal of labor economics, 2009, 27(3): 349 - 383.

[115] HAO L, BONSTEAD B M. Parent - child differences in educational expectations and the academic achievement of immigrant and native students[J]. Sociology of education, 1998, 71(3): 175 - 198.

[116] HARRIS D N, SASS T R. Teacher training, teacher quality and student achievement[J]. Journal of public economics, 2011, 95(7): 798 - 812.

[117] HARRIS J R, TODARO M P. Migration, unemployment and development: A two - sector analysis[J]. American economic review, 1970, 60(1): 126 - 142.

[118] Hatton, T. J., & Williamson, J. G. After the famine: emigration from Ireland, 1850 - 1913[J]. Journal of economic history, 1993, 53(3): 575 - 600.

[119] HEATH A F, ROTHON C, KILPI E. The second generation in Western Europe: Education, unemployment, and occupational attainment

[J]. Annual review of sociology, 2008, 34(2): 211-235.

[120]HECKMAN J J. Skill formation and the economics of investing in disadvantaged children[J]. Science, 2006, 312(82): 1900-1902.

[121]HECKMAN J J. The American family in black & white: A post-racial strategy for improving skills to promote equality[J]. Daedalus, 2011, 140(2): 70-89.

[122] HILL M, YEUNG W, DUNCAN G. Parental family structure childhood behaviors[J]. Journal of economics, 2001, 14(1): 53-65.

[123]Hirschman, C.. The educational enrollment of immigrant youth: A test of the segmented-assimilation hypothesis[J]. Demography, 2001, 38(3): 317-336.

[124] HO E S. Parental involvement and student performance: The contributions of economic, cultural, and social capital [D]. Doctoral dissertation, University of British Columbia, 1999.

[125] HOFFMAN S. Save the children [J]. Nature, 2004, 430(7002): 940-941.

[126] HU B Y, SZENTE J. Education of young chinese migrant children: Challenges and prospects[J]. Early childhood education journal, 2010, 37(6): 477-482.

[126] HU F. Migration, remittances, and children's high school attendance: The case of rural China[J]. International journal of educational development, 2012, 32(3): 401-411.

[127] Hu F. Does migration benefit the schooling of children left behind?: Evidence from rural northwest China[J]. Demographic research, 2013, 29(2): 33-70.

[128]IRUKA I U, GARDNER N N, MATTHEWS J, et al. Preschool to kindergarten transition patterns for African American boys [J]. Early childhood research quarterly, 2014, 29(2): 106-117.

[129] JAGER M M. The extended family and children's educational

success[J]. American sociological review, 2012, 77(6): 903 -922.

[130]JACOBS J AM GREENE M E. Race and ethnicity, social class and schooling[J]. Newcomers and natives, 1910, 3(1): 209 -256.

[131] JAKOBSEN VM SMITH N. The educational attainment of the children of the Danish' guest worker' immigrants[R]. IZA Discussion Paper No. 749, IZA, Bonn, 2003.

[132]JIANG S, LI C, FANG X. Socioeconomic status and children's mental health: Understanding the mediating effect of social relations in Mainland China[J]. Journal of community psychology, 2018, 46(2): 213 -223.

[133]KAHLENBERG R D. Learning from James Coleman[J]. Public interest, 2001, 14(4):54 -72.

[134] KAHLENBERG R D. Turnaround schools and charter schools that work: Moving beyond separate but equal. In R. D. Kahlenberg (Ed.), The future of school integration: Socioeconomic diversity as an education reform strategy[M]. Washington, DC: The Century Foundation, 2012: 283 -308.

[135]KANDEL W, KAO G. The impact of temporary labor migration on mexican children's educational aspirations and performance [J]. International migration review, 2001, 35(4): 1205 -1231.

[136]KANDEL W, MASSEY D S. The culture of mexican migration: A theoretical and empirical analysis[J]. Social forces, 2002, 80(3):981 -1004.

[137]KAO G. Asian Americans as model minorities? A look at their academic performance[J]. American journal of education, 1995, 103(2): 121 -159.

[138]KAO G, RUTHERFORD L T. Does social capital still matter? Immigrant minority disadvantage in school - specific social capital and its effects on academic achievement[J]. Sociological perspectives, 2007, 50

(1): 27-52.

[139] KAO G, TIENDA M. Optimism and achievement: The educational performance of immigrant youth[J]. Social science quarterly, 1995, 71(1): 1-19.

[140] KATZ E. Individual, household and community-level determinants of migration in ecuador: Are there gender differences? [C]. Paper presented at the Annual Meeting of the Population Association of America, Los Angeles, CA, 2000.

[141] KING V, ELDER G H. The legacy of grandparenting: Childhood experiences with grandparents and current involvement with grandchildren [J]. Journal of marriage and the family, 1997, 59(4): 848-859.

[142] KONSEIGA A. Household migration decisions as survival strategy: The case of Burkina Faso[J]. Journal of african economies, 2006, 16(2): 198-233.

[143] KONSEIGA A. Regionalism and migration in West Africa: Do polar economies reap the benefits? Testing global interdependence: Issues on trade, aid[J]. Migration and development, 2007, 50(6): 210-230.

[144] KRISTEN C. School choice and ethnic school segregation: Primary school selection in germany[M]. Germany, Münster: Waxmann Press, 2003.

[145] KRONEBERG C. Ethnic communities and school performance among the new second generation in the United States: Testing the theory of segmented assimilation[R]. Annals of the american academy of political and social science, 2008, 62(1):138-160.

[146] KUSADOKORO M, HASEGAWA A. The influence of internal migration on migrant children's school enrolment and work in Turkey[J]. European journal of development research, 2017, 29(2):348-368.

[147] LAHAIE C, HAYES JA PIPER T M, et al. Work and family divided across borders: The impact of parental migration on mexican children

in transnational families[J]. Community, work and family, 2009,12(3):299-312.

[148] LAMONT M, LAREAU A. Cultural capital: Allusions, gaps and glissandos in recent theoretical developments[J]. Sociological theory, 1988, 6(2):153-168.

[149] LANDALE N S, OROPESA R S, LLANES D D. Schooling, work, and idleness among Mexican and non-Latino white adolescents[J]. Social science research, 1998, 27(4):457-480.

[150] LAUGLO J. Working harder to make the grade: Immigrant youth in Norwegian schools[J]. Journal of youth studies, 1999, 2(1):77-100.

[151] LAUGLO J. Social capital trumping class and cultural capital? Engagement with school among immigrant youth[M]. Oxford, UK: Oxford University Press, 2000.

[152] LEE L, PARK A. Parental migration and child development in China. Philadelphia[R]. PA: Population studies center, University of Pennsylvania, 2010.

[153] LEE M. Migration and children's welfare in China: The schooling and health of children left behind[J]. Journal of developing areas, 2011, 44(2):165-182.

[154] LEVIN H M. More than just test scores[J]. Prospects, 2012, 42(3):269-284.

[155] LI Q, LIU G, ZANG W. The health of left-behind children in rural China[J]. China economic review, 2015, 36(3):367-376.

[156] LI C, JIANG S. Social exclusion, sense of school belonging and mental health of migrant children in China: A structural equation modeling analysis[J]. Children and youth services review, 2018, 89(3):6-12.

[157] LI T, HAN L, ZHANG L, et al. Encouraging classroom peer interactions: Evidence from Chinese migrant schools[J]. Journal of public economics, 2014, 11(1):29-45.

[158] LI X, ZHANG L, FANG X, et al. Schooling of migrant children in China: Perspectives of school teachers[J]. Vulnerable children and youth studies, 2010, 5(1), 79-87.

[159] LI Y. Self-selection, migration, and children educational performace: Evidence from an under developed province in rural china[J]. China economic quarterly, 2013, 12(3): 1027-1050.

[160] LIANG Z, CHEN Y P. The educational consequences of migration for children in China[J]. Social science research, 2007, 36(1): 28-47.

[161] LIEBERSON S, WATERS M C. From many strands: Ethnic and racial groups in contemporary America[M]. New York, NY: Russell Sage Foundation, 1988.

[162] LIU T, HOLMES K, ALBERGHT J. Predictors of mathematics achievement of migrant children in Chinese urban schools: A comparative study[J]. International journal of educational development, 2015, 42: 35-42.

[163] LU Y. Educational status of temporary migrant children in China: Determinants and regional variations[J]. Asian and pacific migration journal, 2007, 16(1): 29-55.

[164] LU Y. Education of children left behind in rural China[J]. Journal of marriage and family, 2012, 74(2): 328-341.

[165] LU Y, ZHOU H. Academic achievement and loneliness of migrant children in China: School segregation and segmented assimilation [J]. Comparative education review, 2012, 57(1): 85-116.

[166] MACAN GHAILL M. Coming-of-age in 1980s England: Reconceptualising black students' schooling experience[J]. British journal of sociology of education, 1989, 10(3): 273-286.

[167] MANSKI C F. Identification of endogenous social effects: The reflection problem[J]. Review of economic studies, 1993, 60(3): 531-

542.

[168] MARKS A K, GOLL C G. Psychological and demographic correlates of early academic skill development among American Indian and Alaska Native youth: A growth modeling study [J]. Developmental psychology, 2007, 43(3): 663-673.

[169] MASSEY D S. The settlement process among Mexican migrants to the United States[J]. American sociological review, 1986, 51(5): 670-684.

[170] MASSEY D S, ARANGO J, HUGO G, et al. Theories of international migration: A review and appraisal [J]. Population and development review, 1993, 19(3): 431-466.

[171] MATUTE M E. Situational ethnicity and patterns of school performance among immigrant and nonimmigrant Mexican-descent students [J]. Minority status and schooling, 1991, 23(3): 205-247.

[172] MCLANAHAN S, PERCHESKI C. Family structure and the reproduction of inequalities[J]. Annual review of sociology, 2008, 34(3): 257-276.

[173] MENG X, YAMAUCHI C. Children of migrants: The cumulative impact of parental migration on children's education and health outcomes in China[J]. Demography, 2017, 54(5): 1677-1714.

[174] MODOOD T. Capitals, ethnic identity and educational qualifications[J]. Cultural trends, 2004, 13(2): 87-105.

[175] MOLHO I. A dynamic model of interregional migration flows in Great Britain[J]. Journal of regional science, 1984, 24(3): 317-334.

[176] MORA T, OREOPOULIS P. Peer effects on high school aspirations: Evidence from a sample of close and not-so-close friends[J]. Economics of education review, 2011, 30(4): 575-581.

[177] MOLLEGAARD S, JAGER M M. The effect of grandparents' economic, cultural, and social capital on grandchildren's educational success

[J]. Research in Social stratification and mobility, 2015, 42(5): 11-19.

[178] MULLER C, ELLISON C G. Religious involvement, social capital, and adolescents' academic progress: Evidence from the national education longitudinal study of 1988[J]. Sociological focus, 2001, 34(2): 155-183.

[179] NETWORK C R. Early childcare and children's development in the primary grades: Follow-up results from the NICHD study of early childcare[J]. American educational research journal, 2005, 42(3): 537-570.

[180] NILHOLM C. Special education, inclusion and democracy[J]. European journal of special needs education, 2006, 21(4): 431-445.

[181] OHINATA A, VANOURS J C. How immigrant children affect the academic achievement of native Dutch children[J]. Economic journal, 2013, 123(570): 308-331.

[182] PADILLA A M, GONZALEZ R. Academic performance of immigrant and US-born Mexican heritage students: Effects of schooling in Mexico and Bilingual/English language instruction[J]. American educational research journal, 2001, 38(3): 727-742.

[183] PADILLA Y C, BOARDMAN J D, HUMMER R A, et al. Is the Mexican American "epidemiologic paradox" advantage at birth maintained through early childhood? [J]. Social forces, 2002, 80(3): 1101-1123.

[184] PALARDY G J. High school socioeconomic segregation and student attainment[J]. American educational research journal, 2013, 50(4): 714-754.

[185] PALARDY G, RUMBERGER R W, BUTLER T. The effect of high school socioeconomic, racial, and linguistic segregation on academic performance and school behaviors[J]. Teachers college record, 2015, 117(12): 135-156.

[186] PARK R E. Human migration and the marginal man [J].

American journal of sociology, 1928, 33(6): 881 – 893.

[187] PARK R E, BURGESS E W. Introduction to the science of sociology[M]. Chicago, IL: University of Chicago Press, 1924.

[188] PARK R E, JANOWITZ M, BURGESS E W. Introduction to the science of sociology, including the original index to basic sociological concepts[M]. Chicage, IL: University of Chicago Press, 1964.

[189] PONG S L, HAO L. Neighborhood and school factors in the school performance of immigrants' children [J]. International migration review, 2007, 41(1): 206 – 241.

[190] PORELL F W. The effects of generalized relocation costs upon intraurban household relocation[J]. Journal of regional science, 1982, 22(1): 33 – 55.

[191] PORTES A, FERNANDEZ K P. No margin for error: Educational and occupational achievement among disadvantaged children of immigrants[C]. Annals of the American Academy of Political and Social Science, 2008, 620(1): 12 – 36.

[192] PORTES A, FERNANDEZ K P, HALLER W. The adaptation of the immigrant second generation in America: A theoretical overview and recent evidence[J]. Journal of ethnic and migration studies, 2009, 35(7): 1077 – 1104.

[193] PORTES A, FERNANDEZ K P, HALLER W. Segmented assimilation on the ground: The new second generation in early adulthood [J]. Ethnic and racial studies, 2005, 28(6): 1000 – 1040.

[194] PORTES A, HAO L. The schooling of children of immigrants: Contextual effects on the educational attainment of the second generation[C]. Proceedings of the National Academy of Sciences of the United States of America, 2004, 101(33), 11920 – 11927.

[195] PORTES A, RUMBAUT R G. Immigrant America [M]. Berkeley. Cal: University of California Press, 1996.

[196] PORTES A, RUMBAUT R G. Legacies: The story of the immigrant second generation[M]. California, CA: University of California Press, 2001.

[197] PORTES A, SCHAUFFLER R. Language and the second generation: Bilingualism yesterday and today[J]. International migration review, 1994, 28(4): 640-661.

[198] PORTES A, ZHOU M. The new second generation: Segmented assimilation and its variants[C]. Annals of the American Academy of Political and Social Science, 1993, 530(1): 74-96.

[199] RANGVID B S. Sources of immigrants' underachievement: Results from PISA-Copenhagen[J]. Education economics, 2007, 15(3): 293-326.

[200] REARDON S F, GALINDO C. The Hispanic-White achievement gap in math and reading in the elementary grades[J]. American educational research journal, 2009, 46(3): 853-891.

[201] RONG X L, GRANT L. Ethnicity, generation, and school attainment of Asians, Hispanics, and Non-Hispanic Whites[J]. Sociological quarterly, 1992, 33(4): 625-636.

[202] ROSCIGNO V J. Race and the reproduction of educational disadvantage[J]. Social forces, 1998, 76(3): 1033-1061.

[203] RUMBAUT R G. The crucible within: Ethnic identity, self-esteem, and segmented assimilation among children of immigrants[J]. International migration review, 1994, 28(4): 748-794.

[204] RUMBAUT R G. Ages, life stages, and generational cohorts: Decomposing the immigrant first and second generations in the United States[J]. International migration review, 2004, 38(3): 1160-1205.

[205] RUMBERGER R W. Dropping out of high school: The influence of race, sex, and family background[J]. American educational research journal, 1983, 20(2): 199-220.

[206] RUMBERGER R W. Dropping out of middle school: A multilevel analysis of students and schools[J]. American educational research journal, 1995, 32(3): 583-625.

[207] RUMBERGER R W, THOMAS S L. The distribution of dropout and turnover rates among urban and suburban high Schools[J]. Sociology of education, 2000, 73(1): 39-67.

[208] RUMBERGER R W, WILLIMS J D. The impact of racial and ethnic segregation on the achievement gap in California high schools[J]. Educational evaluation and policy analysis, 1992, 14(4): 377-396.

[209] RYE J F. Leaving the countryside: An analysis of rural-to-urban migration and long-term capital accumulation[J]. Acta sociologica, 2006, 49(1): 47-65.

[210] SANDBERG N C. Ethnic identity and assimilation: The Polish-American community[M]. New York: Praeger Publishers, 1974.

[211] SCHAAFSMA J, SWEETMAN A. Immigrant earnings: Age at immigration matters[J]. Canadian journal of economics, 2001, 34(4): 1066-1099.

[212] SCHOELLMAN T. Education quality and development accounting[J]. Review of economic studies, 2011, 79(1): 388-417.

[213] SCHNEIDER B, COLEMAN J S. Parents, their children, and schools[M]. Boulder. CO: Westview, 1993.

[214] SCHULTZ T W. Investment in human capital: The role of education and of research[M]. New York, NY: Free Press, 1961.

[215] SCHWARTZ D, KELLY B M, DUONG M. Do academically-engaged adolescents experience social sanctions from the peer group? [J]. Journal of youth and adolescence, 2013, 42(9): 1319-1330.

[216] SEYFRIED S F. Academic achievement of african american preadolescents: The influence of teacher perceptions[J]. American journal of community Psychology, 1998, 26(3): 381-402.

[217] SIRIN S R. Socioeconomic status and academic achievement: A meta-analytic review of research [J]. Review of educational research, 2005, 75(3): 417-453.

[218] SJAASTAD L A. The costs and returns of human migration [J]. Journal of political economy, 1962, 70(6): 80-93.

[219] SOLON G. Intergenerational income mobility in the United States [J]. American economic review, 1992, 82(3): 393-408.

[220] STANTON R D. Manufacturing hope and despair: The school and kin support networks of US-Mexican Youth [M]. New York, NY: Teachers College Press, 2001.

[221] STANTON R D, DORNBUSHCH S M. Social capital and the reproduction of inequality: Information networks among Mexican-origin high school students [J]. Sociology of education, 1995, 68(2): 116-135.

[222] STARK O, BLOOM D E. The new economics of labor migration [J]. American economic review, 1985, 75(2): 173-178.

[223] STWVENSON H, STIGLER J W. Learning gap: Why our schools are failing and what we can learn from Japanese and Chinese education [M]. New York: Simon and Schuster, 1994.

[224] STOCKDALE A. Rural out-migration: Community consequences and individual migrant experiences [J]. Sociologia ruralis, 2004, 44(2): 167-194.

[225] SUE S, OKAZAKI S. Asian-American educational achievements: A phenomenon in search of an explanation [J]. American psychologist, 1990, 45(8): 913.

[226] SUN X, CHEN M, CHAN L. A meta-analysis of the impacts of internal migration on child health outcomes in China [J]. BMC public health, 2016, 16(1): 66-72.

[227] SUN Y. The contextual effects of community social capital on academic performance [J]. Social science research, 1999, 28(4): 403-

426.

[228]SURYADARMA D, RESOSUDARMO B. The effect of childhood migration on human capital accumulation: Evidence from rural – urban migrants in Indonesia[R]. Crawford school research paper, 2016: 1 – 25.

[229]TANG Z. What makes a difference to children's health in rural China? Parental migration, remittances, and social Support[J]. Chinese sociological review, 2017, 49(2): 89 – 109.

[230]TECHMAN D. Family background, educational resources, and educational attainment[J]. American sociological review, 1987, 52(4): 548 – 557.

[231]THOMAS J. Parental characteristics and the schooling progress of the children of immigrant and US – born blacks[J]. Demography, 2009, 46(3): 513 – 534.

[232]TODARO P. A model of labor migration and urban unemployment in less developed countries[J]. American economic review, 1969, 59(1): 138 – 148.

[233]TSANG C. Financial reform of basic education in China[J]. Economics of education review, 1996, 15(4): 423 – 444.

[234]TSEGAI D. Migration as a household decision: What are the roles of income differences? Insights from the volta basin of Ghana[J]. European journal of development research, 2007, 19(2): 305 – 326.

[235]LUKE N, XU H, MBERU U, et al. Migration experience and premarital sexual initiation in urban Kenya: An event history analysis[J]. Studies in family planning, 2012, 43(2): 115 – 126.

[236] VANDEWERFHORST G, VANTUBERGEN F. Ethnicity, schooling, and merit in the Netherlands[J]. Ethnicities, 2007, 7(3): 416 – 444.

[237] VERKUYTEN M, & THIJS J. Racist victimization among children in the netherlands: The effect of ethnic group and school[J]. Ethnic

and racial studies, 2002, 25(2): 310-331.

[238] WALDINGER R, FELICIANO C. Will the new second generation experience 'downward assimilation'? Segmented assimilation re-assessed [J]. Ethnic and racial studies, 2004, 27(3): 376-402.

[239] WANG H, CHENG Z, SMYTH R. Do migrant students affect local students' academic achievements in urban China? [J] Economic of education review, 2018, 63(3): 64-67.

[240] WANG L, MESMAN J. Child development in the face of rural-to-urban migration in China: A meta-analytic Review[J]. Perspectives on psychological science, 2015, 10(6): 813-831.

[241] WANG X, LUO R, ZHANG L, et al. The education gap of china's migrant children and rural counterparts[J]. Journal of development studies, 2017, 53(11), 1-17.

[242] WARREN R, HAUSER M. Social stratification across three generations: New evidence from the Wisconsin longitudinal study [J]. American sociological review, 1997, 62(4): 561-572.

[243] WATERS C, JIMENEZ R. Assessing immigrant assimilation: New empirical and theoretical challenges[J]. Annual review of sociology, 2005, 31(1): 105-125.

[244] WEN M, LIU D. Child development in rural China: Children left behind by their migrant parents and children of non-migrant families[J]. Child development, 2012, 83(1): 120-136.

[245] WEN M, SU S, LI X, et al. Positive youth development in rural China: The role of parental migration[J]. Social science & medicine, 2015, 132(2): 261-269.

[246] WINKLER R. Educational achievement and school peer group composition[J]. Journal of Human Resources, 1975, 10(2): 189-204.

[247] WOJTJIEWICZ A, DONATO M. Hispanic educational attainment: Theeffects of family background and nativity[J]. Social forces,

1995, 74(2): 559 -574.

[248]WOLBERS M, DRIESSEN G. Social class or ethnic background? Determinants of secondary school careers of ethnic minority pupils [J]. Netherlands journal of sociology, 1996, 16(32): 109 -126.

[249] WONG D, CHANG L, HE S. Correlates of psychological wellbeing of children of migrant workers in Shanghai, China [J]. Social psychiatry and psychiatric epidemiology, 2009, 44(10): 815 -824.

[250] WU J, ZHANG J S. The effect of parental absence on child development in rural China[J]. Asian economic policy review, 2017, 12(1): 117 -134.

[251]WU Q, LIU D, KANG M. Social capital and the mental health of children in rural China with different experiences of parental migration[J]. Social science and medicine, 2015, 13(2): 270 -277.

[252] WU Q, PALINKAS A, HE X. An ecological examination of social capital effects on the academic achievement of Chinese migrant children [J]. British journal of social work, 2010, 40(8): 2578 -2597.

[253] WU X. The household registration system and rural - urban educational inequality in contemporary China [J]. Chinese sociological review, 2011, 44(2): 31 -51.

[254] WU X, ZHANG Z. Population migration and children's school enrollments in China, 1990 - 2005[J]. Social science research, 2015, 53(3): 177 -190.

[255]WYTRWAL A. America's Polish heritage: A social history of the poles in America[M]. Detroit, MI: Endurance Press, 1961.

[256]XIE J, NIU X, XIE Y. Investigation on the educational problems of the along - with offspring of rural migrant workers in Cities[J]. Chinese journal of population science, 2011, (13)1: 92 -100.

[257] XIONG Y. The broken ladder: Why education provides no upward mobility for migrant children in China[J]. China quarterly, 2015, 22

(1):161-184.

[258] XU D, WU X. Separate and unequal: Hukou, school segregation, and migrant children's education in urban China[R]. Population studies center research report, 2016:18-56.

[259] XU D, WU X, ZHANG Z, et al. Not a zero-sum game: Migration and child well-being in contemporary China[J]. Demographic research, 2018, 38(6):691-726.

[260] XU H, XIE Y. The causal effects of rural-to-urban migration on children's well-being in China[J]. European sociological review, 2015, 31(4):502-519.

[261] XU Y, PEI L. On the status and characteristics of grandparenting on grandchildren[J]. Studies in preschool education, 2012, 13(1):13-26.

[262] YE Z, LIU P. Differentiated childhoods: Impacts of rural labor migration on left-behind children in China[J]. Journal of peasant studies, 2011, 38(2):355-377.

[263] ZAJONC B, MARKUS B. Birth order and intellectual development[J]. Psychological review, 1975, 82(1):74-95.

[264] ZENG Z, XIE Y. The effects of grandparents on children's schooling: Evidence from rural China[J]. Demography, 2014, 51(2):599-617.

[265] ZHANG H, BEHRMAN R, FAN S, et al. Does parental absence reduce cognitive achievements? Evidence from rural China[J]. Journal of development economics, 2014, 11(1):181-195.

[266] ZHANG N, BECARES L, CHANDOLA, et al. Intergenerational differences in beliefs about healthy eating among carers of left-behind children in rural China: A qualitative study[J]. Appetite, 2015, 95(6):484-491.

[267] ZHANG Z, WU X. Registration status, occupational segregation,

and rural migrants in urban China[R]. Studies Center Research Reports. Hong Kong University of Science and Technology, Hong Kong SAR, 2012.

[268]Zhao Q, Yu X, WangX, et al. The impact of parental migration on children's school performance in rural China[J]. China economic review, 2014, 31(4): 43-54.

[269] ZhaoY. Labor migration and earnings differences: The case of rural China[J]. Economic development and cultural change, 1999, 47(4): 767-782.

[270] ZhouM. Segmented assimilation: Issues, controversies, and recent research on the new second generation[J]. International migration review, 1997, 31(4): 975-1008.

[271] ZHOU M. How neighbourhoods matter for immigrant children: The Formation of educational resources in Chinatown, Koreatown and Pico Union, Los Angeles[J]. Journal of ethnic and migration studies, 2009, 35(7): 1153-1179.

[272]ZHOU M, BANKSTON L. Growing up American: The adaptation of Vietnamese adolescents in the United States[M]. New York, NY: Russell Sage Foundation, 1998.

[273]ZHOU M, MURPHY R, TAO R. Effects of parents' migration on the education of children left behind in rural China[J]. Population and development review, 2014, 40(2): 273-292.

[274] ZIMMERMAN J. Regression toward mediocrity in economic stature[J]. American economic review, 1992, 82(3): 409-429.

[275]ZSEMBIK A, LLANES D. Generational differences in educational attainment among Mexican Americans[J]. Social science quarterly, 1996, 77(2), 363-374.

[276] ZUCCOTTI V, GANZEBOOM B, GUVELI A. Has migration been beneficial for migrants and their Children? Comparing social mobility of Turks in Western Europe, Turks in Turkey, and Western European natives

[J]. International migration review,2017,51(1):97-126.

[277]段成荣,吕利丹,邹湘江.当前我国流动人口面临的主要问题和对策——基于2010年第六次全国人口普查数据的分析[J].人口研究,2013,37(2):17-24.

[278]李竞博,高瑗,原新.积分落户时代超大城市流动人口的永久迁移意愿[J].人口与经济,2018,226(1):17-27.

[279]马红旗,陈仲常.我国省际流动人口的特征[J].人口研究,2012,36(6):87-99.

[280]何瑞珠.家庭学校与社区协作:从理念研究到实践[M].香港:香港中文大学出版社,2002.

[281]罗茂初,张坚,高庆旭,等.全面认识人口流动现象,审慎选择对策——北京市流动人口调查[J].人口研究,1986,15(3):2-7.

[282]冯皓,陆铭.通过买房而择校:教育影响房价的经证实据与政策含义[J].世界经济,2010,12(1):89-104.

[283]范先佐,郭清扬,付卫东.义务教育均衡发展与省级统筹[J].教育研究,2015,36(2):67-74.

[284]马小红,段成荣,郭静.四类流动人口的比较研究[J].中国人口科学,2014(5):36-46.

[285]尚伟伟.流动儿童教育融入及其治理研究,博士学位论文[D].上海:华东师范大学,2018.

[286]杨东平.中国流动儿童教育的发展和政策演变.见:杨东平主编.中国流动儿童教育发展报告(2016)[M].北京:社会科学文献出版社,2017:53-65.

[287]杨菊华.从隔离、选择融入到融合:流动人口社会融入问题的理论思考[J].人口研究,2009,33(1):17-29.

[288]吴愈晓,黄超.基础教育中的学校阶层分割与学生教育期望[J].中国社会科学,2016(4):111-134.

[289]文东茅.我国城市义务教育阶段的择校及其对弱势群体的影响[J].北京大学教育评论,2006(2):12-23.

[290]杨娟,宁静馨. 以教控人是否有效?——基于北京,上海两地抬高随迁子女入学门槛政策的比较分析[J]. 教育与经济,2019,35(1):65-74.

[291]于忠海,张雨清. 流动人口子女就地入学的教育融入职责分担研究[J]. 中国教育学刊,2015(11):20-24.

[292]袁连生. 流动儿童义务教育财政供给. 见:杨东平主编. 中国流动儿童教育发展报告(2016)[M]. 北京:社会科学文献出版社,2017,53-65.

[293]谢宝富. 居住证积分制:户籍改革的又一个"补丁"?——上海居住证积分制的特征,问题及对策研究[J]. 人口研究,2014,38(1):90-97.

[294]张庆五. 对我国流动人口的初步探析[J]. 人口与经济,1986,(3):3-5.

[295]张文宏,雷开春. 城市新移民社会融合的结构,现状与影响因素分析[J]. 社会学研究,2008,5(11):7.

[296]张展新,杨思思. 流动人口研究中的概念,数据及议题综述[J]. 中国人口科学,2013(6):102-112.

[297]郑桂珍,郭申阳,张运藩,等. 上海市区流动人口问题初探[J]. 人口研究,1985(3):2-7.

[298]庄西真,李政. 流动人口子女城市教育融入问题的调查分析——以苏南地区为例[J]. 教育研究,2015,36(8):81-90.

[299]郑磊,王思檬. 学校选择,教育服务资本化与居住区分割——对"就近入学"政策的一种反思[J]. 教育与经济,2014(6):25-32.

后　记

2016年9月至2019年8月,我在香港中文大学完成了博士阶段的学习。如今回首,实感三年的时间转瞬即逝,而自己也顺利完成了人生的重要蜕变。在即将离开中大校园之际,我想表达对老师和同学们的深深谢意。

回首博士论文的完成,文中凝聚了太多人的心血。在此,首先感谢我的导师何瑞珠教授。选择何瑞珠教授做导师是我做过的最好的决定。在与何老师的无数次交流中,他深厚的学术底蕴与严谨的治学态度都让我受益匪浅。若没有何老师的支持与指导,我也一定无法顺利完成博士期间的学习。从本论文的研究选题到研究设计,再到后期的具体写作与论文修改,何老师都为我提供了专业、充分和及时的指导。若没有何老师的上述帮助,本论文的完成实为难以想象。为此,我由衷地感谢何老师在我博士学习过程中所给予我的自由与宽容。正是何老师的支持,为我继续选择将学术事业作为发展道路提供了信心。

感谢张志强教授。张老师在我博士论文的准备、开题和答辩期间,为本论文的概念阐释、文献梳理和写作修订提供了许多难能可贵的建议,使本论文的内容更加丰富,细节也更为完善,同时,在日常工作中,张老师谦逊平和的处事风格也是我学习的榜样。

感谢谢均才教授。在忙碌的工作中,谢老师依然欣然应允我学术委员会成员的请求。在论文开题和答辩阶段,谢老师的专业意见使得论文设计更加严谨、结构更加紧密。在与谢老师相处的不长时间里,我依然感受到谢老师的亲切与敏锐。

感谢雷万鹏教授。雷老师不仅是我硕士论文答辩委员会的重要成员,而且也是我博士论文的外审专家。作为国内研究流动人口子女教育问题的专家,雷老师的专业意见让本论文的修订更具针对性。

感谢陪我走过博士学习生涯的老师与同学。感谢范先佐教授在我读博后仍给予我的提携与指点。每次遇到重要选择,范老师总能为我提供充分的理解和帮助。感谢马永霞教授的知遇之恩。感谢祁翔博士、李佳丽博士、黄亮博士、谢晨博士和曹杰博士在量化研究小组中对我研究的支持,许多研究想法都是在与你们的交流和讨论中迸发的。还要感谢两位师妹(张雅楠博士和王宓博士)在博士论文写作的过程中给我带来了许多启示与快乐。

最后,我还想感谢我的父母武晓东先生和马秀敏女士。若没有你们的支持与鼓励,我想自己也一定无法完成博士的学习。读博三年,我回家的次数屈指可数,很少有机会陪在你们身边,但我深知,无论何时何地,自己所能取得的一点进步都是与你们三十年来的辛苦培育所分不开的。感谢你们的辛勤培养及在我人生道路上的陪伴。

编者

2019 年 7 月 29 日